William Sanches

15,00

Jesus e a arte de Vencer Desafios

petit

Jesus e a arte de vencer desafios

2-1-16-3.000-9.000

Direção editorial: **Flávio Machado**
Coordenadora editorial: **Isabel Ferrazoli**
Capa: **Júlia Machado**
Imagem da capa: **R. Gino Santa Maria | Genotar | Shutterstock**
Projeto gráfico e editoração: **Rui Cardoso Joazeiro**
Produtor gráfico: **Vitor Alcalde L. Machado**
Preparação: **Maria Aiko Nishijima**
Revisão: **Maiara Gouveia**
Impressão: **Cromosete - Gráfica e Editora Ltda.**

Ficha catalográfica elaborada por
Lucilene Bernardes Longo – CRB-8/2082

Sanches, William.
Jesus e a arte de vencer desafios / William Sanches. – São Paulo : Petit, 2015.
184 p.

ISBN 978-85-7253-302-7

1. Evangelho 2. Reflexões sobre Jesus 3. Ensinamentos de Jesus 4. Cristianismo 5. Desafios a vencer I. Título.

CDD: 226

Impresso no Brasil, no verão de 2016.

Prezado(a) leitor(a),

Caso encontre neste livro alguma parte que acredita que vai interessar ou mesmo ajudar outras pessoas e decida distribuí-la por meio da internet ou outro meio, nunca deixe de mencionar a fonte, pois assim estará preservando os direitos do autor e, consequentemente, contribuindo para uma ótima divulgação do livro.

William Sanches

Jesus e a arte de Vencer Desafios

petit

Rua Atuaí, 389 – Vila Esperança/Penha
CEP 03646-000 – São Paulo – SP
Fone: (0xx11) 2684-6000
www.petit.com.br | petit@petit.com.br

A dois amigos incríveis,
João Guarda Filho
Ildo Rosa Fonseca

Agradecimentos

a Jether, Gilvana e toda a equipe da **Rede Boa Nova de Rádio**;
a Dalcides Biscalquin e toda a equipe da **Rede Vida de Televisão**;
a Carmen e Flávio, da **Petit Editora**;
a Marcia e Wanda, da **RW Turismo**;
a Rinaldo e Edna Sganzela, da **Avora Cosméticos**;
ao Dr. Rubens Cascapera, da **Clínica Allegrun Vivi**;
à Dra. Joely Pucci , da **Loja Naturales**;
a Antônio Carlos, da **Nutri Algas**;
ao Pastor Luciano Escala, da **Comunidade Vale de Bênção**;
a Angelo Corsi, da **Infinity Agency**.

Pela confiança, carinho e parcerias.

Sumário

Importante

1. Neste livro, você encontrará uma oração na abertura de cada capítulo. Se possível, faça-a em silêncio. Não me refiro a um lugar propriamente tranquilo, privado de ruídos, mas ao silêncio do seu coração. E então se concentre. Mesmo que você esteja em uma grande estação de trem, lotada, ainda assim é possível permanecer na força de sua alma. É disso que trata este livro. Caso não consiga atingir esse silêncio interior no início das atividades propostas a seguir, jamais desista. Lá na frente certamente conseguirá, e, acredite, valerá muito a pena. Grandes acontecimentos surgem quando oramos.

2. Em alguns pontos do livro você encontrará um código, como o exemplo abaixo, denominado QR Code. Baixe qualquer aplicativo de código QR (sigla da expressão em inglês Quick Response, que significa "resposta rápida"), que pode ser baixado gratuitamente no seu celular, e em seguida aproxime-o dos códigos de barra. Automaticamente, o aparelho irá ler o código e

exibir o conteúdo armazenado em sites de compartilhamento de vídeos, como o YouTube ou o Vimeo, por exemplo. Entre os vídeos, você irá assistir a alguns momentos especiais que gravei em Israel. Aproveite para viajar um pouco pela Terra Santa e conhecer alguns lugares por onde Jesus andou.

3. Todos os capítulos terminam com perguntas. São questões cuja reflexão pretende mexer com o seu inconsciente e fazê-lo pensar sobre crenças e posturas que limitam sua vida sem nem mesmo você perceber. São perguntas que identificam bloqueios e podem ajudá-lo a definir melhor seus objetivos de vida.

Portanto, sugiro que, antes de iniciar a leitura do capítulo seguinte, procure responder às perguntas.

Se, por algum motivo, elas provocarem algum desconforto e você não conseguir responder a elas, analise o porquê disso. Talvez aí possa estar um bloqueio.

Rompa barreiras e responda. Afinal, é sobre sua vida, sobre seus desafios que estamos falando. Faça a seguinte pergunta a si mesmo: Por que não quero responder a isso?

Saiba, então: porteiras imensas são abertas diante de grandes estradas que o levarão a muitas descobertas. Se quiser e puder, anote as respostas no fim da página. Para isso, deixe um lápis sempre à mão.

Você também pode anotar numa folha à parte ou

até mesmo no celular. Anote o nome do capítulo e as respectivas perguntas e respostas. Depois voltaremos a falar sobre elas.

Para começar, faço a primeira pergunta: Qual é seu maior desafio atualmente?

Boa leitura, bons estudos e boas descobertas sobre VOCÊ.

Introdução

Incansáveis pesquisas, estudos, dogmas e teologias tentam explicar a vida e a obra de Jesus. Perdi as contas da quantidade de livros que li e documentários a que assisti sobre esse Homem santo. Na cabeceira da minha cama e na mesa do meu escritório ainda há dezenas de livros que não dei conta de ler. Alguns, comprados por mim, outros, enviados por amigos e leitores.

Viajei para as cidades onde Cristo nasceu, viveu, aprendeu, ensinou e foi brutalmente assassinado diante dos olhos de muitos que o seguiam, sem que nada pudessem fazer. Talvez eu também tivesse tido a mesma reação deles. E foi pensando nisso que escrevi este livro. Hoje, em vez de ficar calado, sinto imensa necessidade de falar em sua Palavra às pessoas adormecidas.

Se eu me contentasse com o que dizem os livros e os documentários sobre Jesus, esta tarefa seria mais fácil, mas busco eu mesmo encontrá-lo. E, finalmente, o encontrei.

Escrevo este texto sentado onde se acredita ser o

túmulo de Jesus, em Jerusalém, chamado de Sepulcro, na Bíblia. Existem outros lugares em Israel sobre os quais dizem ser o verdadeiro túmulo dele, mas este, onde estou, é o mais natural, sem ostentação, sem cordas nem filas a cercá-lo. O meu coração diz: "aqui, sim, combina com Jesus". Só flores e plantas cercam o local. É um jardim, jardim do túmulo.

Na porta se lê: "*He is not here for he is risen*", que significa: "Ele não está aqui porque já ressuscitou". Relatado também em Mateus 28:6.

Volto ao meu país com a certeza de que, de tudo o que já li, essa é uma das mais verdadeiras frases sobre Jesus. Sinto que não está mesmo aqui. Sua energia e seu amor transcenderam barreiras geográficas e culturais criadas pelos homens.

Encontrei-o, de verdade, nas pessoas.

Em Israel vi pessoas de todas as idades e religiões, e, no rosto de muitas, apenas um objetivo: buscar o Cristo que nasceu e morreu nessas terras. Jesus renasceu, e mesmo depois de sua morte física ainda nos ensina sobre a eternidade da alma.

Seus milagres foram realizados aqui, suas palavras e ensinamentos permanecem atuais dois mil anos depois. Em Israel foi onde tudo começou, mas a história divina transpassou qualquer barreira terrena.

Muitas pessoas me escreveram perguntando onde mais senti a presença de Jesus, e respondo: estar em Jerusalém, Cafarnaum, Tiberíedes, Getsemani, Jericó, Betânia, Monte das Oliveiras, Mar da Galileia e tantos outros lugares especiais me fez pensar que, para além do espaço físico, Jesus estava mesmo dentro de cada uma das pessoas que buscavam encontrá-lo. Não senti a presença dele mais forte em um lugar físico específico, mas sim ao perceber os fiéis em volta.

O brilho nos olhos, o descompasso dos corações, as respirações ofegantes e... muita emoção. Porque Ele já estava dentro, e não fora. Lágrimas escorriam daqueles rostos de maneira espontânea. Então, Jesus se manifesta pelo amor, o sentimento maior ensinado por Ele. Os sentimentos de Jesus são os nossos sentimentos. São a força que nos ajuda a vencer desafios, a compreender melhor a vida. Não julgam, não comparam nem esmorecem. Essa é a arte que buscamos até hoje: a arte de vencer nossos desafios.

Volto à frase escrita à porta do túmulo: "Ele não está aqui". Jesus renasceu. Que Ele renasça todos os dias em sua VIDA!

Ele espera isso de nós.

William Sanches

Jerusalém, 10 de setembro de 2015.

1

Abra o seu coração

Mestre Jesus,

O Senhor mesmo disse "vinde a mim", e aqui estou neste momento, com o coração aberto. Quero ser melhor e vencer meus desafios diários. São tantos, porém nenhum deles me desanima. Tenho você, e minha fé é grande. Às vezes, fico perdido, até sem forças, mas logo me restauro porque me lembro de seus ensinamentos, de sua luz e de seu amor a nos encontrar.

Então, por que desistir?

Mestre, agradeço por esta oportunidade divina de aprender, de estudar, de entender a vida e, principalmente, de ser melhor a cada dia.

Os desafios se tornam pequenos diante da grandeza de seus ensinamentos.

Que meu coração possa sempre estar aberto para entender os recados da vida.

Que assim seja.

Há algo mais especial do que falar de Jesus? Falar de um homem que, apesar de divino, teve todas as limitações humanas, como eu e você? Humano sim, pois, apesar de ser uma criatura de luz, aceitou estar aqui encerrado em um corpo de homem. Reafirmo minha fé a cada palavra e a cada gesto de Jesus. Sempre aprendo algo novo com Ele, e meus sentimentos se tornam mais fortes. Hoje consigo ver claramente como é possível realizar tantas coisas que antes achava inconcebíveis de serem realizadas. Só há algo mais especial do que falar: vivenciar Jesus.

Jesus viveu como homem e enfrentou todas as dificuldades inerentes àquela época, àquela geração. Ele tinha seus objetivos; para alcançá-los, precisava focar em sua meta. Todo o seu plano precisava estar claro dentro de si. Naturalmente, tudo o que vamos realizar precisa antes estar dentro de nós. Toda grande obra nascida do mais verdadeiro sentimento deve antes estar em nosso interior. E dessa vontade tão grande de realizar surgirá a necessidade de gritar ao mundo: consegui!

Durante as reflexões sobre Jesus que você lerá a seguir, é imprescindível que abra muito bem seu coração, sem preconceito ou barreiras. De nada adianta refletir sobre sentimentos a partir das ações de Jesus se você tiver enraizado em seu coração raiva, preconceito, prejulgamentos; se você questiona antes de sentir.

De nada adianta ler uma inspiração para vencer obstáculos, responder às perguntas ao final de cada capítulo, assistir aos vídeos, se no seu interior ainda existir a frase: "Eu não vou conseguir vencer meus desafios".

É como se você fosse a um maravilhoso jantar e não comesse nada porque não gosta do chef ou porque está brigado com algum convidado. Seu cérebro em conflito só se desgasta, você se cansa e não chega a nenhuma conclusão.

Quem está com o coração aberto consegue sentir. Não julga, apenas sente. A livre expressão do sentimento é a capacidade de perceber mais além. E tudo o que sentimos gera uma reação e uma determinada emoção. Se você olha com repulsa ou desconfiança para algo ou alguém, não estará totalmente aberto às mensagens que poderiam vir dali, porque já bloqueou qualquer informação nova. E se acha que as coisas sobre Jesus são complicadas demais, dificilmente as entenderá, porque se fechou para Ele.

Neste momento eu gostaria de fazer uma reflexão sobre quem era esse homem chamado Jesus. Não me refiro aqui às religiões cristãs propriamente ditas que dele surgiram, mas aos seus ensinamentos. Sabemos todos que, se os fiéis cristãos de fato aplicassem em sua vida a Palavra, não estaríamos vivenciando tantos problemas atualmente na Terra.

Mas uma reflexão sobre Jesus exige um coração aberto. Despoje seu coração de todo sofrimento, dúvida, cobrança, arrependimento, decepção... São tantos sentimentos que precisamos deixar na plateia antes de subir ao palco...

Os ensinamentos de Jesus nos completam de uma

maneira especial porque provocam em nós autoconhecimento. Passamos a olhar o outro não mais com o olhar de reprovação. Eles ampliam nossos horizontes. Passamos a enxergar o outro como Jesus nos via: com compreensão.

O segredo é que Jesus não está distante; ao contrário, está mais próximo do que podemos imaginar. Respire profundamente e sinta sua presença na leitura destas linhas, não importa onde você esteja. Se estiver lendo isto agora é porque precisávamos deste encontro com Ele.

Maria Madalena se preocupou em ser seguidora de Jesus. Ela temia que sua reputação pudesse atingir Jesus, já que era vista pelas pessoas como uma pecadora. Imagine uma pecadora seguir Jesus e ainda mais falar dele? Quem o escutaria?

No entanto, Jesus disse a ela que, se todos aqueles que o seguissem espalhassem suas palavras, ensinassem o amor ao próximo e transformassem este planeta, seriam seus discípulos.

Portanto, todo aquele que crê em Jesus, que espalha suas palavras e seus ensinamentos é seu discípulo.

Jesus não está preocupado com o pecado de um e de outro porque para Ele não importa o passado, o que se fez lá atrás. Para Jesus importa mesmo o daqui para frente.

Pense a respeito. Você quer reescrever seu destino ou deixar a sua vida exatamente do jeito que está? Como você quer se enxergar no futuro?

E o futuro está tão perto. O futuro é hoje. Ele se transforma em passado tão rápido que nem percebemos que nos chega a todo momento. Por exemplo, este mesmo livro foi, ao mesmo tempo, passado e futuro para mim: o escrevi em um passado vislumbrando o futuro. Agora, no presente, você o lê, fortificando seu próprio futuro.

Perceba como o tempo passa e você continua sua história. Então, o que é o futuro senão a nossa própria história de vida?

O que é o futuro senão construir no presente o que cada um quer para sua própria existência?

"***E não nos cansemos de fazer o bem, pois no tempo próprio colheremos, se não desanimarmos.***" Gálatas 6:9

A existência humana é espetacular. Dotada de inteligência, é construída a partir do livre-arbítrio: eu posso ser quem eu quero e chegar aonde preciso.

Quando Jesus não trata Maria Madalena com preconceito, como muitos faziam, Ele também nos ensina.

Analise-se e verifique se em algum momento já teve esse sentimento de repulsa. Às vezes, na família, a gente olha aquele tio, aquela tia, aquele sobrinho com um olhar de reprovação, de preconceito, de exclusão. Onde estão a compaixão e o amor?

Jesus nunca teve um olhar de exclusão. Poucos na

história igualaram seus olhares ao dele, um olhar que não exclui nem afasta, mas abraça, aconchega e compraz.

Jesus, com toda a sua compaixão, com todo o seu amor, em todo o seu caminho, nos ensinou coisas espetaculares.

Se todos os dias lermos sobre Jesus com o coração aberto, nos tornaremos a cada dia humanos melhores.

E estamos neste planeta para sermos melhores. Não há sentido algum no contrário disso. Nossa vida fica vazia se seguimos nossa existência sem procurar melhorar, sem buscar evoluir em direção ao futuro.

É incrível a capacidade de Jesus de educar. Como educador, observo muito suas técnicas. Primeiro, Ele jamais aponta, não faz julgamentos, mas proporciona reflexão às pessoas. Essa técnica é impressionante! Depois, Ele usará a própria vida como exemplo, sempre se utilizando de ferramentas simples (ao rabiscar no chão, por exemplo) e fazendo perguntas-chave (ao utilizar parábolas).

Jesus conseguiu atingir centenas de pessoas que espalharam suas mensagens, pessoas que mudaram o mundo, escrevendo sobre Ele e levando a Boa-Nova a todos os lugares. Ainda hoje estudamos Jesus e tentamos compreendê-lo. E estudando Jesus conseguiremos compreender mais de nós mesmos.

Agora, responda:

Respire e pergunte a você mesmo o que mais o atrapalha neste momento.

Deixe aqui!

Pode anotar o nome de alguém, um sentimento, um ato; algo do qual precisa se desprender. Vamos, este é o primeiro passo. Seu coração está realmente aberto para seguir ou existe alguma coisa que pode deixar aqui?

2

O melhor pão deve ser repartido

Mestre Jesus,

O Senhor, que é a Luz do Mundo, clareie o meu caminho. Muitas vezes tropeço e caio, mas me levanto. Nessas horas me lembro do quanto nos ensinou a persistência. No entanto, quero errar menos, cair menos e ter forças para superar meus desafios. Com inteligência e ação certas.

E que na vitória e nos fracassos, na subida e nas quedas, eu possa me lembrar de seus ensinamentos e repartir o meu melhor pão. Quero dividir com meus irmãos e oferecer ao mundo o melhor que tenho em mim, sempre. Sei que posso, sei que me ajuda, sei que vencerei.

Que assim seja.

Jesus tinha uma metáfora recorrente. Ele falava muito do "pão". O pão, o alimento que todos nós conhecemos, tem muito a nos ensinar desde a sua preparação: simples grãos de trigo se transformam em pão, cuja massa cresce e se duplica.

Jesus nos ensina, ao se referir a esse simples alimento, a lição de como compartilhá-lo, de como reparti-lo entre os irmãos.

Perceba como Ele educou com o que tinha em mãos. Usou como ferramenta pedagógica o que as pessoas conheciam: o pão. Jesus o reparte entre as pessoas, assim como reparte seu próprio amor e sua própria luz. O pão repartido acaba, mas o Amor e a Luz se multiplicam. Jesus pede para repartirmos o pão entre nossos irmãos.

Se aproximo uma vela acesa de uma apagada, passo a ter duas velas acesas. A primeira não se apaga ao emprestar sua chama. Assim é o amor e a luz.

Jesus disse: **"Eu sou a luz do mundo; quem me segue não andará em trevas, mas terá a luz da vida"**. João 8:12

O vitorioso sabe que para vencer precisa se preparar, precisa ter aptidões para desenvolver determinada atividade ou tomar determinada atitude.

A minha pergunta neste momento é para que pense com você mesmo se realmente está dando espaço para se tornar um vitorioso, se está repartindo seu pão com as pessoas.

Pode ser que esteja sendo tão egoísta e amargo, tenha andado tão pessimista que não esteja repartindo o pão nem com você mesmo.

Às vezes somos tão egoístas e vemos as coisas de forma tão negativa que não repartimos o pão nem com nós mesmos. Nesse momento nossos sentimentos não são bons, nem bonitos, nem vitoriosos.

Se você não tem dividido com você mesmo, imagine como deve estar agindo com as pessoas dentro da sua casa.

Jesus andava pelas ruas buscando pessoas, buscando olhares, buscando almas; buscava os excluídos pela sociedade.

Quer olhar mais triste do que o de um ser excluído?

Quantas vezes no semáforo fechamos as janelas do carro com medo daqueles que se aproximam de nós. Quantas vezes não pensamos: "Esse é vagabundo, não trabalha, está roubando, vai me assaltar...".

E olhamos nosso semelhante com preconceito, longe do sentimento com o qual Jesus enxergava seu semelhante.

É importante lembrar que Jesus veio aqui como nosso semelhante. Com os traços dos homens de sua época. Aparentemente nada de especial. Simples, comum...

Jesus possivelmente sentiu medo, fome, cansaço, sono. Não sei se Ele sentiu angústia, não sei se Ele sentiu tristeza. Para mim, esse pão Ele não repartiu. Ele repartiu, sim, o seu melhor pão.

Compartilhar o que temos de melhor – não o de pior –

é um dos atos mais generosos do ser humano. Nosso próximo já possui suas amarguras. Incluir as nossas no seu fardo não é generosidade. É ser egoísta. Colocamos nosso peso para o outro carregar, mas não queremos ajudá-lo a carregar os seus.

Uma das frases que Jesus dizia era: "Ama o próximo como a ti mesmo". O próximo é aquele que gira a catraca do ônibus à sua frente; que está na fila do supermercado; que mora no seu prédio e para quem você não tem paciência de segurar a porta do elevador; que encontra e desvia o olhar para não ter de falar "bom dia"; o próximo é o garçom, o manobrista, o motorista que dirige o carro à sua frente, ao seu lado...

O próximo são aquelas pessoas que nos servem e que, às vezes, as tratamos com grosseria, esquecendo-nos de que estão trabalhando, cumprindo sua função. Quantas vezes, sem paciência, as tratamos como se não tivessem sentimentos?

Os sentimentos de Jesus estão dentro de nós e dentro do nosso semelhante. Na alegria de viver. Quando vivemos com alegria a nossa história, repartimos o pão da alegria com as pessoas.

Quando não desistimos, repartimos o pão do entusiasmo.

Quando buscamos conquistar sonhos e objetivos, repartimos o pão da vitória.

Quando somos calmos e educados, repartimos o pão da docilidade.

Quando olhamos sem preconceito, repartimos o pão da igualdade.

Quando não julgamos, repartimos o pão da liberdade.

Quando estendemos a mão, repartimos o pão da fraternidade.

Mas, quando todos esses sentimentos estiverem em nós, repartiremos o maior dos pães; não pelo tamanho, mas pela sua sustância. O pão do amor, o pão que Jesus compartilha conosco o tempo todo.

Neste momento, Jesus estende as mãos e nos oferece uma cesta rica de pães. Pode pegar. Não tenha medo, não tenha receio. Todos eles são para você. Só não os coma sozinho. Esta cesta só tem efeito se compartilhada.

Jesus disse: **"Eu sou o pão da vida; aquele que vem a mim não terá fome, e quem crê em mim nunca terá sede"**. João 6:35

Saia pelo mundo e distribua, reparta, multiplique, alimente os que têm fome de sentimentos bons. Ilumine o caminho daqueles que se esqueceram o que é viver na luz. O melhor pão deve ser repartido. Só o melhor.

Lembre-se da sua rotina diária e pense naquele momento com o qual você mais se estressa, no qual se sente mais cansado. Respire profundamente e visualize-se nesse momento estressante, sob pressão.

Como você se comporta?

Tem repartido seu melhor pão?

O que pode fazer numa próxima oportunidade?

3

Os passos e as palavras certas

Mestre Jesus,

Neste momento me encontro com você.

Quero agradecer-lhe por tudo o que já aprendi e vivenciei até aqui, mas quero ser melhor.

Quero me libertar das cadeias internas, me livrar dos pensamentos negativos. Desejo com toda a minha verdade tomar novos e melhores caminhos. Sei que o melhor está por vir.

Modele minha alma. Confio na sua palavra; com o Senhor, aprendo a ser melhor.

Modele, sim, minha alma com seus sentimentos de amor, benevolência, carinho e otimismo.

Que meus passos possam ser firmes e certos, que minhas palavras clareiem a escuridão, abram portas trancadas e floresçam nos corações que tocarem.

Que assim seja.

Jesus provavelmente viveu um turbilhão de sentimentos, mas conseguiu realizar sua grande missão e mostrou para o mundo que sua história foi vitoriosa.

Ele conseguiu transmitir, com a sua própria trajetória, com os seus próprios passos, ensinamentos de amor e de transformação às pessoas.

Jesus disse: **"Eu sou a ressurreição e a vida; quem crê em mim, ainda que esteja morto, viverá"**. João 11:25

Todas as vezes que Ele parava para conversar com alguém, aquela pessoa saía diferente, transformada. Impossível alguém ter saído da presença de Jesus pior do que chegou.

Porque quem chega até Jesus descobre o melhor de si.

Quem chega até Jesus transforma-se em outra pessoa. Vira outro alguém.

Será que não é hora de transformar sua própria história em uma história de vitória?

E não importa qual seja a vitória que esteja buscando. Seus passos precisam estar na direção certa. Perceber isso não é desafiador, basta apenas notar pequenos detalhes. A partir de agora observe como as pessoas se comportam quando o encontram. Quando alguém lhe telefona, pense nas primeiras palavras que dirá. Elas podem ser positivas ou negativas. Você sabe muito bem quais utilizar.

Sua vida, sua essência, seu trabalho estão no caminho da vitória?

Ser vitorioso não é apenas trabalhar duro para ter reconhecimento profissional, mas sentir-se realizado com o resultado do trabalho.

Observe como fica mais agradável pensar assim, entender que não se trabalha simplesmente, mas se realiza.

Fica mais leve.

Fica mais confortável pensar no trabalho não como uma "guerra", um "sofrimento", uma "batalha". Nunca diga: "Está na hora de eu ir à batalha" ou "Estou atrasado pra guerra". Essas são todas frases prontas e negativas.

Pense agora nas primeiras palavras que você diz todos os dias ao acordar. Algumas pessoas levantam de manhã dizendo: "Vou à luta, vou dar o meu sangue".

Não dê o seu sangue de jeito nenhum, sabe por quê? Quem vê a vida como uma batalha, como uma guerra, está sempre em alerta, na defesa. Vive de brigas, sob estresse e pressão.

Então, em vez de viver de brigas e lutas, busque entender os sentimentos de Jesus, que nos toca em todos os momentos. Tenho certeza de que agora é sobre isso que você precisa ler.

Escolha uma palavra que o descreva. Não fisicamente, mas como você acha que as pessoas o enxergam.

Agora responda: Que atitudes das pessoas comprovam essa sua escolha?

Existe algo para mudar?

Caso você tenha apontado algo a mudar, responda: que novos comportamentos você pode ter para melhorar?

4

A torcida organizada de sua vida

Mestre Jesus,

Já estou melhorando meu relacionamento com as pessoas. Meus desafios tornaram-se pequenos. E os problemas, antes impossíveis de serem resolvidos, hoje os enxergo de outra forma, ou melhor, sequer os enxergo. Porque já sei que problemas não existem, são desafios a serem superados. Com Fé e Força passarei por todos eles.

Quero aprender agora a torcer mais por mim, a me amar mais, a me cuidar como o Senhor cuida de mim. Tenho fortes qualidades, mas quero desenvolver tantas outras porque sei que sou capaz de grandes vitórias. Agradeço, Mestre, por jamais desistir de mim e na torcida da vida estar sempre me incentivando por meio de suas experiências e sentimentos.

Livre-me das tensões, das energias negativas, das torcidas contrárias. Que nenhum mal perdure, e tudo de ruim que tentar chegar ao meu caminho seja reencaminhado para a positividade com a força da Luz Divina. Aqui, só luz. Aqui, só Vida. Aqui, só o bem.

Que assim seja.

Nenhuma torcida organizada sai de casa vibrando, com bandeiras, uniformes, apitos, e vai para o jogo achando que seu time irá perder. Aliás, se alguém se arrisca a falar isso no meio da torcida, é repreendido pelos demais. Então, se você for a sua própria torcida organizada, é porque espera só vitória em sua vida. É porque espera o melhor de si mesmo.

Como está sua torcida? A qualquer abalo na vida você espera tudo desabar ou corre para ver o que está acontecendo, procurando uma saída para o problema?

E então você torce, vibra e concentra energia positiva para suas obras?

São perguntas importantes para alguém que procura melhorar, antenado com os assuntos da espiritualidade. Antes de qualquer estudo sobre espiritualidade, é necessário ter percepção de suas próprias ideias e comportamento. Primeiro, as ideias, depois o comportamento. Eles estão relacionados. A ideia que se tem de si é a base do comportamento. Por isso tanta gente reclama da situação em que vive. Não consegue mudar seu comportamento porque não mudou interiormente.

Voltando à ideia da torcida organizada, pense na torcida contrária, do outro lado do estádio.

Uma vez estive na Argentina e visitei um estádio de futebol muito famoso. Como não gosto muito de futebol, não prestei muita atenção no que o guia falava. Mas algo me chamou a atenção. Enquanto caminhávamos pelas arquibancadas, eu ouvia o guia explicar que aquele estádio havia sido projetado para que a torcida ficasse o mais próximo possível dos jogadores. Poucos centímetros separam o campo da torcida. A ideia é atemorizar o time adversário. Ao entrar em campo, ele já fica acuado com os gritos da torcida da casa e sente medo da derrota. Isso deu certo inúmeras vezes, explicava o guia. Por causa dessa estratégia, dificilmente aquele time perdia em seu estádio. A pressão da torcida era muito grande em cima do time adversário.

Imagine o peso e a força das palavras que um grande número de pessoas provoca na atuação de um time – para o bem e para o mal.

Minha mente me remete agora a Jesus. Ele costumava caminhar sempre com muita gente em volta. Uns aplaudiam, outros xingavam, cuspiam, jogavam objetos em sua direção. Tendemos a achar que Jesus só recebia carinho e elogios. Mas isso não é verdade. Ele teve uma grande torcida contrária. E bem organizada, aliás, várias delas.

Talvez o sentimento do MEDO pode ter abatido o coração de Jesus por alguns instantes. Mas a FORÇA e a CORAGEM foram maiores para enfrentar seus obstáculos. Sua torcida interna gritava "vitória", e a sensação de vitória é um sentimento muito bom. Aquece o coração e agita a alma.

"Quem crê em mim, crê, não em mim, mas naquele que me enviou. E quem me vê a mim, vê aquele que me enviou". João 12:44-45

Quando enfrentar uma torcida contrária, não dê atenção. Mesmo que ela esteja pertinho do seu ouvido gritando contra você. Vou contar um segredo: o outro só tem poder se você der isso a ele. Seja sua própria torcida organizada e dono de seus projetos. Vale muito a pena ACREDITAR em si mesmo.

A sua torcida grita todos os dias dentro de você. Quais palavras tem ouvido de sua plateia?

Quais são suas fraquezas neste momento?

Que ameaças existem pelas suas fraquezas que podem impedir você de atingir seus objetivos?

Como podemos virar o jogo?

5

O sentimento de vitória

Mestre Jesus,

O senhor é o amigo em quem eu posso confiar. É o amigo de todas as horas e é o amigo que tento buscar, pois em amigo assim eu confio, entrego minha fé e minhas esperanças. Sou errante, tropeço, mas não desisto. Caminho em busca de minhas vitórias. Muitas já foram alcançadas, e agradeço seu conforto e torcida. Agora preciso de forças para seguir adiante. Sei que o senhor conhece meus pensamentos e meu coração e não irá me desemparar jamais. Meu coração é valente, forte e crê em sua Palavra. Preciso de você, Mestre, busco-o e o espero. Pode chegar, Jesus. Sua presença é clarão na escuridão, alegria na tristeza e vitória nas derrotas. Quem crê não se desampara.

Que assim seja.

"O Senhor é o meu pastor, e nada me faltará." (Salmos 23:1)

Essa frase, tão conhecida, a escutamos praticamente a vida toda. Mas será que acreditamos nela com a profundidade necessária?

Chego a pensar que diversas vezes não acreditamos nela verdadeiramente. Ainda sofremos muito o tempo todo e, na maioria das vezes, por antecedência.

Todos os dias sofremos por algo. Ficamos angustiados, reprimidos. Não deixamos irradiar nosso melhor. Por medo, nos boicotamos.

Há dias em que vemos nossa vida como uma grande batalha, como uma grande luta. Nem acreditamos nas ações de Deus para conosco.

Deus nos deu todos os recursos para que possamos usufruir da vida com atitudes positivas, boas, bonitas, e alcançar a vitória. Você acredita nisso?

Vou fazer um desafio. Porque se realmente acreditar em sua vitória, em Deus, nada lhe faltará. Você tem todos os recursos para ser feliz, para reagir. Deus nos criou para evoluir, para progredir, para ser feliz!

Tem algo extremamente interessante que vai fazer você pensar. Quando focamos na vitória, ou seja, quando temos pensamentos vitoriosos, passamos a encarar vida de forma um pouco mais leve.

Vamos imaginar que você queira fazer um churrasco em sua casa. Então começa a planejar, a convidar pessoas, a fazer a lista do supermercado. Já durante esse planejamento, a festa começa a acontecer na sua mente. Você visualiza a decoração da casa, as pessoas chegando, e pensa em coisas agradáveis, com boa energia. É capaz até de ouvir a música que deseja tocar.

No dia do churrasco você prepara tudo, acende a churrasqueira e, com muito prazer, recebe as pessoas em sua casa. O sentimento de vitória já estava internalizado o tempo todo. Com alegria, com leveza, tudo acontece da melhor maneira possível. Tudo dá certo porque você fez o que gosta e, principalmente, porque já estava realizado antes dentro de você, percebe?

Tudo, absolutamente tudo, nasce primeiro dentro de nós. Este livro nasceu primeiro dentro de mim. Consegui visualizá-lo bem antes de ele ser impresso. Sonhei com a capa e com ele exposto nas livrarias. Mas antes, bem antes, precisei pesquisar, estudar, refletir, sentar em frente ao computador e digitar cada letra que está lendo. Cada palavra que forma esses parágrafos. Depois que o livro ficou pronto, ele já não me pertence mais. Agora é seu. Todas as vezes que um escritor publica, o texto deixa de pertencer apenas a ele; passa a ser também do leitor. As palavras existiam dentro de mim, passei para o papel, e agora elas existem dentro de você. Compartilhamos todas elas.

Isso é realização.

Como no dia churrasco. Você compartilhou o que já estava dentro de você.

Esse é o sentimento de realização! A vitória nada mais é que a realização de nossos sonhos, de nossos desejos internos.

Na vida, todas as vezes que não conseguimos realizar algo, ficamos frustrados.

No trabalho, nos relacionamentos, no afeto, se encararmos as coisas como já realizadas, ou seja, se pensarmos nelas do jeito que gostaríamos que fossem, já estamos a meio caminho de sua realização. Quando fazemos algo que nos agrada – uma viagem à praia, por exemplo –, estamos com boa expectativa. Tudo é festa. Até do que dá errado costumamos achar graça. Isso porque estamos tranquilos, tudo está agradável. Tudo flui. Estamos fazendo com prazer.

O segredo está em deixar sua alma em festa. Se nosso ser está em festa, conseguimos realizar as coisas de uma maneira leve, gostosa, sadia, prazerosa.

Quando a alma está em festa, as coisas ficam mais leves, dão prazer; por isso a vitória se realiza.

Quando na vida colocamos as coisas de forma pesada, difícil, tudo tende a dar errado. Por exemplo, aquele contratempo na viagem o deixaria estressado, tomado pela angústia. O faria sofrer. Um trabalhador que, em vez de dizer que vai ao trabalho, diz que vai à "guerra" sofre muito. O fardo pesa demais, ao contrário daquele que realiza tudo com prazer, com alegria, com sentimento positivo. Este torna-se um empreendedor de si mesmo.

Se você estiver neste momento com um trabalho que o faz sofrer, repense se ele está valendo a pena. Abundância e prosperidade chegarão à sua vida quando você gostar do que faz, quando sentir prazer em sua atividade profissional, quando colocar sua alma nela. Do contrário, coisas boas dificilmente chegarão.

Por isso comecei dizendo: "O Senhor é o meu pastor, e nada me faltará". Eu acredito mesmo nisso. Os meus sentimentos se completam com os sentimentos de Jesus. Quando Ele passou por aqui, veio com uma missão. Chegou com objetivos claros. Nasceu em uma manjedoura e foi criado em uma carpintaria, onde desenvolveu e aprendeu sua tarefa, onde realizou com perfeição o que precisava. Ali, entre aquelas paredes simples e chão de poeira, foi crescendo o salvador do mundo, o príncipe da paz.

Aquele homem, o rei do mundo, nasceu e cresceu como filho de carpinteiro. Seus pais o acolheram com todo o amor do mundo; fugiram com Ele para que pudesse nascer em paz. E assim veio ao mundo a luz.

Portanto, jamais desista de suas realizações. Esse sentimento que o leva para a frente já vive em você.

"Ainda que eu andasse pelo vale da sombra da morte, não temeria mal algum, porque tu estás comigo; a tua vara e o teu cajado me consolam." Salmos 23:4

Lembre-se: existir já é uma grande realização. Assuma o controle de sua vida e acredite com Fé naquele que venceu os maiores desafios que possamos imaginar. A sua vara e o seu cajado continuam a nossa frente protegendo e abrindo caminhos em meio a temperanças.

O que faz sua alma ficar em festa?

O que o faz mudar de ideia diante de qualquer desafio?

O que você pode fazer ou desenvolver para aproveitar melhor as oportunidades e diminuir possíveis ameaças de suas fraquezas?

Busque o pensamento positivo que já existe aí dentro e responda: o que você gostaria que acontecesse após a leitura do próximo capítulo?

6

A vida sem Photoshop

Mestre Jesus,

Como é bom ter sua presença constante. A cada página deste livro descubro ainda mais o meu amor por você e percebo quão pequenos são meus desafios, perto da grandiosidade de sua obra. Que meus olhos não se preocupem nem percam tempo com a vida dos outros, que meus ouvidos não percam tempo com as palavras negativas que possam chegar e que minha mente não se corrompa com os julgamentos alheios. Quero sempre estar aberto à abundância de suas bênçãos. Como sei que sou responsável pela minha trajetória, que minhas pernas sejam firmes para traçar o melhor caminho, que minhas mãos sejam fortes para segurar, tocar, acariciar, afagar, cumprimentar, e que em todos esses momentos as pessoas sintam sua presença comigo. Porque não sei viver sem sua Palavra.

Que assim seja.

Muitas vezes precisamos educar nosso olhar para ver a vida de uma maneira mais leve. José e Maria, quando chegaram àquela hospedaria e bateram à porta, a primeira coisa que ouviram foi um "não".

"Não temos vaga para vocês aqui", disse o dono da hospedaria ao casal simples. Pouco importou se a mulher estava grávida e o homem, desesperado. O dono da hospedaria, possivelmente, não os atendeu por preconceito, pois via ali um casal pobre.

José e Maria haviam viajado horas de Nazaré até Belém. Estavam muito cansados. Para chegar àquele pequeno povoado a partir de Nazaré, os viajantes percorriam em média uns 130 quilômetros de estradas montanhosas, passando por Samaria e outras pequenas cidades. Isso significa dias de viagem. Exaustos, ganharam um "não" daquele dono da hospedaria. Mesmo assim não pararam. Procuraram outro local para o nascimento de Jesus.

E ali, no meio dos animais, excluído de tudo e de todos, nasceu Jesus. Aquele homem e aquela mulher também tinham uma missão de amor, também se permitiram viver sua própria história. Eles foram escolhidos pelos céus, o plano espiritual escolheu, Deus os escolheu.

"E subiu também José da Galileia, da cidade de Nazaré, à Judeia, à cidade de Davi, chamada Belém (porque era da casa e família de Davi), a fim de alistar-se com Maria, sua esposa, que estava grávida. E aconteceu

que, estando eles ali, se cumpriram os dias em que ela havia de dar à luz." Lucas 2:4-6

O que importa é perceber que não devemos ter preconceito por absolutamente nada. Aquele homem que fechou a porta da hospedaria no rosto da mãe de Jesus, do pai de Jesus, também fechou a porta para o grande salvador da humanidade, para o homem que conquistaria corações, faria milagres que até hoje não esquecemos. Jesus, com suas histórias, com seus ensinamentos, continua a realizar milagres.

As pessoas possuem um filtro diante de seu olhar. Enxergam a vida como são por dentro.

Se você não tiver um olhar preconceituoso, se enxergar sua vida como um grande realizador em busca da vitória e olhar as pessoas sem rótulos, sem preconceitos, sem estigmas, conseguirá ver que em cada pessoa que chega até você chega também Jesus. Não podemos fechar a porta diante da realidade da vida.

Cada pessoa que chega até você tem dentro de si uma alma. E toda alma busca a vitória, toda alma busca ser feliz. Não importa onde você nasceu, não importa quantas portas foram fechadas em seu rosto, não importa quantos "nãos" recebeu. Jamais faça isso com alguém.

"Este é o dia que o Senhor fez: seja para nós dia de alegria e de felicidade." Salmos 118:24

Não espere a perfeição para ser feliz. Não espere a cena da novela para poder embarcar e viver. A vida não possui Photoshop. Você vai para onde você vibra!

Reflita um pouco e responda: Quais evidências comprovam que você está batendo à porta certa?

Qual característica sua que geralmente as pessoas elogiam? Quais vantagens você tem que outras pessoas não conseguem ter?

O que pretende fazer a partir de agora para buscar novas alternativas e vencer seu desafio?

Acompanhe, por meio do QR Code ao lado, o autor William Sanches visitando a cidade de Belém, em Israel.

https://www.youtube.com/watch?v=W9qt3bvd8Vg

7

Do futuro para cá

Mestre Jesus,

Ajude-me a ver o valor que vê em mim. Muitas vezes me sinto fraco diante de um desafio da vida, diante de um problema qualquer.

Quero ver minha vida como o Senhor a vê.

Quero me amar como o Senhor me ama.

Que eu possa enxergar meus valores e entender minha missão.

E por tudo isso já lhe agradeço.

Muito obrigado pelo seu amor e pela sua misericórdia.

Que assim seja.

Durante as longas viagens de um lugar ao outro para palestras ou pesquisas, como a de Israel, em que o voo dura quatorze horas, paro alguns instantes e olho pela janela do avião. É uma oportunidade única. É como deixar a vida lá embaixo e olhar tudo de outra perspectiva.

Gosto de ver as nuvens, o mar, os rios, a Terra, enfim. Ainda na decolagem é possível ver casas e carros tão pequenos... As pessoas vão desaparecendo aos poucos, até nada se ver delas. São instantes como esses em que costumo refletir bastante. Em uma dessas viagens surgiu-me uma reflexão interessante. Pensei: desde pequenos aprendemos que Deus nos olha de cima.

Por que será?

Acho que encontrei pelo menos uma pontinha de resposta. Desconfio que as pessoas criaram essa ideia de Deus "olhando tudo de cima" porque, de cima, tudo é abundante, próspero, calmo, bonito, instigante...

Como acredito que Deus está em tudo, inclusive em nós, penso que nosso universo interno também seja assim.

"E naquele dia, entendereis que Eu estou no meu Pai, e vós, em mim, e Eu, em vós." João 14:20-23

Com esse pensamento de Deus a nos olhar do alto, as pessoas, com o tempo, se esqueceram de olhar para dentro de si mesmas.

Esses pensamentos me instigaram a refletir mais, e fui

além. Se Deus está em nós e somos capazes de realizar, então como pensa Deus dentro de mim?

Primeiro, esse Deus interno precisa ter um plano de ação muito eficaz.

Segundo, precisa traçar metas e identificar cada passo para obter os resultados. Então tentei compreender como esse Deus interno, a mente de um gênio, de um vitorioso, pensaria. Como naquele momento eu estava dentro do avião, lembrei-me de Santos Dumont, claro.

Ele sabia que poderia criar uma máquina para voar. Só não sabia como. Mas a sua cabeça sabia. Ou seja: os gênios pensam de trás para frente. "Bingo! É isso!", pensei na hora.

Santos Dumont partiu do futuro para o presente. Ele sabia que poderia voar, sabia que era possível. Não preciso nem dizer quantas pessoas riram dele e acharam aquela ideia um tanto impossível. E ele conseguiu. Inventou o avião. E ali estava eu num avião, voando, voando. E com a mente voando igual.

Não só o corpo, mas a mente também não para.

Pensei em Jesus e procurei compreender seu profundo olhar. Ele viu a falta de amor das pessoas, mas sabia que era possível amar. Ele viu a dificuldade que tinham para evoluir, mas sabia que era possível. Viu as barreiras sociais, políticas e filosóficas da época, mas sabia que era possível viver de outra forma. Jesus possuía o olhar de gênio: viu do futuro para cá.

Seguindo a tradição judaica, aos sábados os homens

iam rezar na sinagoga, onde Jesus costumava ensinar. Quando chegava lá, Ele percebia que o número de pessoas presentes, inclusive muitas mulheres, era bem maior que a capacidade do lugar. Elas não eram obrigadas a ir à sinagoga, mas tinham permissão e, claro, aproveitavam para ouvir o Mestre.

Jesus, então, numa atitude de inteligência e liderança, atravessou o Mar da Galileia e subiu aos montes para ensinar. Ali, sobre os Montes das Oliveiras, Ele ensinou as pessoas. Entre os montes, existe um vale formando uma espécie de anfiteatro, que devia favorecer a acústica para que a multidão, em silêncio, conseguisse ouvir Jesus. Muitos corações foram tocados e transformados ao longo desses ensinamentos. Foram palavras que despertavam os adormecidos, faziam brotar sonho naqueles corações quase sempre sem esperanças.

A mente de um gênio está sempre à frente de sua época. Não sofre a ansiedade da chegada do futuro. O gênio se planeja para atingir seus objetivos. Viver o passado faz nossa mente deprimir-se, viver o futuro faz nossa mente angustiar-se. O gênio usa os conhecimentos adquiridos para planejar o futuro, mas vive o presente, porque é aqui, neste momento, que tudo está acontecendo.

Respire fundo e pense no seu maior sonho. Imagine-o já realizado. Você alcançou, chegou lá! Está feliz, pleno. Agora responda: Qual passo no dia anterior à realização

você precisou dar para conseguir seu intento?

Como você se vê fazendo isso?

Repito: pense no dia anterior à realização. Agora trace a viagem de volta, passo a passo. Faça um mapa ao contrário até o dia de hoje. Você já sabe como pensam os gênios.

Como pensa você?

Acompanhe, por meio do QR Code ao lado, o autor William Sanches visitando uma Sinagoga na cidade de Belém, em Israel.
https://www.youtube.com/watch?v=W-qGo0ew7No

8

Crise! O que você quer no lugar?

Mestre Jesus,

Ajude-me a pôr em ação minhas qualidades e valores. Sei que de nada adianta algum talento sem ação.

Quero ser melhor, quero realizar, ser feliz e ter paz. Às vezes meu coração aflito sofre, grita e até desiste. Volto a acreditar em mim e continuo com sua força e luz. O seu amor é como água que rega a planta para ela crescer. Estou crescendo. Mas, por favor, me ajude a enxergar de um jeito melhor todos os meus dons. Meu desejo é colocá-los em prática a favor do bem.

Que assim seja.

Países de todo o mundo já enfrentaram crises. O nosso não é diferente. Podemos aprender algo em momentos de dificuldade. Somos obrigados a nos readequar, a mudar posturas, a nos reorganizar de alguma maneira. Mas, indiscutivelmente, são em momentos como esses que temos a oportunidade de mudar comportamentos.

Caminhando por Jerusalém, em uma de minhas pesquisas, aprendi algo sobre a palavra "pobre".

Como gosto muito dos temas prosperidade e abundância, interessou-me o sentido da palavra.

O hebraico dá à palavra "pobre" dois sentidos, que surgem grafados na Bíblia da seguinte maneira: *ani* e *ebion.*

Ani refere-se à pessoa oprimida, humilhada, injustiçada, sem opção para se libertar. Em Deuteronômio 15:4 aparece referência ao pobre neste entendimento:

"Exceto quando não houver entre ti pobre algum; pois o Senhor abundantemente te abençoará na terra que o Senhor teu Deus te dará por herança, para possuí-la".

É sobre pessoas oprimidas, injustiçadas, que o texto faz referência. Deus libertou o povo da opressão do faraó do Egito, por isso todo o povo deve viver com liberdade plena.

Se possível, feche os olhos por alguns instantes, respire fundo e tente buscar dentro de sua história se você já se libertou das piores das opressões: as que você mesmo carrega sobre os ombros.

Quando o texto bíblico se refere a *ebion*, a tradução mais adequada seria a de uma pessoa necessitada por causa de uma eventualidade, como: doença, incêndio, catástrofe, acidente, orfandade. Pode se referir também a quem perdeu algum bem, mas que com alguma ajuda tem meios para se reerguer com seu trabalho.

É a esse tipo de pobres que Jesus se refere em Mateus, capítulo 26, quando os discípulos questionam o motivo de aquela mulher entrar na casa de Simão, o leproso, e derramar unguento (um tipo de óleo perfumado) sobre Jesus. Uma curiosidade interessante: esse unguento era usado só em situações especiais, pois custava muito caro prepará-lo. Era feito com ervas finas, como mirra, canela, cálamo, cássia e o melhor azeite de oliva.

Os discípulos, vendo aquilo, dizem à mulher para não desperdiçar o óleo; se o vendesse, faria um bom dinheiro e poderia ajudar os pobres.

Jesus replica com toda a objetividade:

"Por que afligis esta mulher? Praticou uma boa ação para comigo. Porquanto sempre tendes convosco os pobres, mas a mim não me haveis de ter sempre".
Mateus 26:10-11

Aquela mulher, mesmo não possuindo bens– aos olhos de muitos era pobre e sem nada a oferecer–, derrama seu melhor óleo sobre a cabeça de Jesus.

Com essa imagem, reflito: será que em tempos de crise oferecemos nosso melhor óleo a Jesus?

Será que oferecemos aos outros nosso melhor óleo? Dentro de casa amarguramos o convívio com as pessoas que mais nos amam, colocando a culpa nos problemas, nas dívidas, nas preocupações e tratamos mal aquelas que muitas vezes cozinham para nós, lavam nossas roupas e despendem seu tempo nos afazeres para nos atender? Ainda assim, para a falta de gentileza, usamos a desculpa "estou cheio de problemas"? Isso não dá aval a ninguém.

Que nenhum tipo de pobreza habite sua alma. Aquele que vive amargurando a própria vida não sabe admirar os melhores perfumes à sua volta. Não espere passar "a crise". Melhor: não viva a crise. Mentalize positivamente!

Você reclama da situação atual do país?

Que tarefas você evita no seu dia a dia?

O que você não se sente confiante em fazer?

Por qual experiência você passou e não conhece ninguém mais que também a tenha vivenciado?

A quais recursos você tem acesso que mais ninguém tem?

Se mesmo assim você insiste em viver numa crise, então responda: O que você quer no lugar? Como seria você vivendo em excelência?

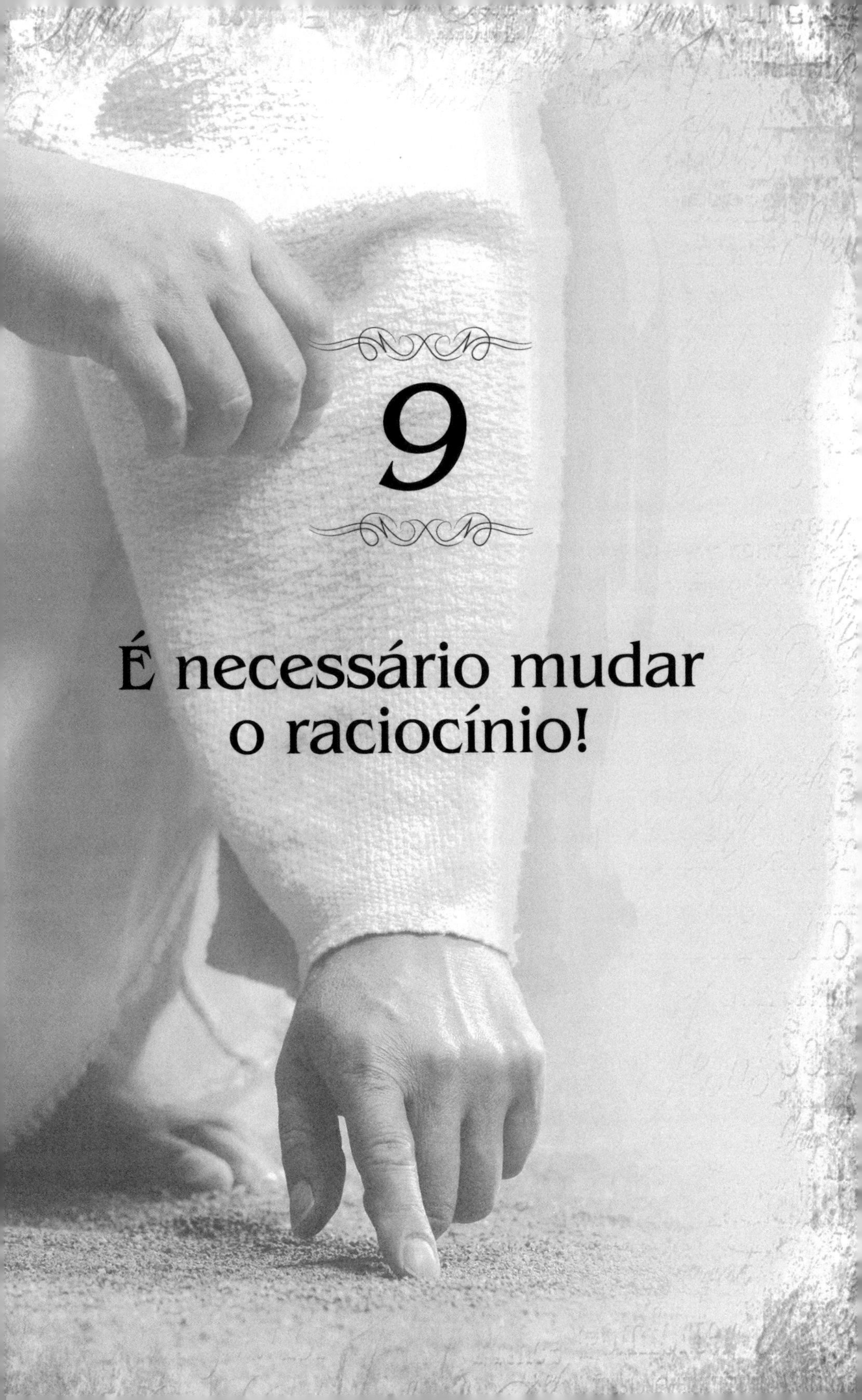

9

É necessário mudar o raciocínio!

Mestre Jesus,

Ajude-me a manter meu coração sereno e em paz, ainda que muitos me provoquem, ainda que situações possam me atrapalhar. Não quero carregar minha face com rancor, com mágoa, com melindres.

Mesmo que no mundo haja lama, quero viver na beleza dos jardins. Isso! Assim meu coração deseja: ser um lindo jardim. Em você deposito minhas alegrias, esperanças e fé. Já estou melhor, já respiro aliviado apenas por falar com você, Mestre. Sua presença em minha vida é felicidade suprema. Obrigado, Jesus. Obrigado pela sua presença. Saber que jamais me abandona enche meu coração, antes aflito, de serenidade.

Que assim seja.

São infinitos os exemplos de Jesus em nossa vida. Falar sobre cada cena, cada história, cada ensinamento desse homem divino faz com que cresçamos como seres humanos. Quando estudamos e analisamos a vida desse ser iluminado, as descobertas tomam proporções gigantescas.

Aprendemos tanto com esse ser humano e divino! A despeito de sua simplicidade e humildade, Ele é o rei do mundo. Jesus, por meio de tudo o que vivenciou nos seus trinta e três anos de vida, ou mais precisamente nos últimos três de vida pública, quer nos transformar em seres humanos melhores.

Jesus foi brutalmente assassinado porque incomodou muitos pilares da sociedade, incomodou políticos e religiosos, incomodou pessoas influentes, pessoas que se achavam melhores porque tinham um cargo de destaque. Na sociedade contemporânea assim também acontece. Quem nunca presenciou a acirrada competição corporativa em empresas? Pessoas com cargo hierárquico superior sentem-se mais importantes que as outras.

Jesus, ao andar entre as pessoas simples, sabia que elas tinham sonhos, que buscavam, à sua maneira, viver bem a vida.

E Jesus nos vem buscar para que voltemos à nossa verdadeira natureza de seres humanos.

Quando caminhava pelas ruas e encontrava um homem ou uma mulher, Ele conversava com essas pessoas sem levar em conta suas roupas ou bens. Jesus não olhava para o que possuíam. Ele olhava para o que elas eram de verdade.

Esse olhar de maturidade e desprendimento me encanta. Olhar para o outro pelo que é e não pelo que tem. Jesus não era dirigido por nenhum rótulo. Ele olhava para o que a pessoa tinha dentro da alma. Então, todas as vezes que olhava para alguém, Ele transformava essa pessoa, que jamais seria a mesma, porque havia sido tocada pelos sentimentos de Jesus.

Os sentimentos de Jesus nos tocam todos os dias, todas as horas, basta procurá-los e entendê-los. Ele continua caminhando, continua nos buscando. Seus passos não estão nem à frente nem atrás de nós. Seus passos estão junto dos nossos, e nós o seguimos na mesma estrada. Aqueles que confiam nele, que o entendem e almejam seguir seus exemplos, seus sentimentos, permanecem com Ele na estrada, confiantes, lado a lado.

Todas as vezes que Jesus curava alguém, perguntava se aquela pessoa possuía fé. Era importante para Jesus saber se aquele homem ou aquela mulher possuía fé. Ele perguntava: "Você possui fé?".

E a pessoa confirmava, dizendo que sim, desesperada com suas dores emocionais ou físicas. Lembremo-nos de que não existiam remédios como hoje.

Na época em que Jesus passou por aqui, tudo era muito precário. Pouca coisa existia que aliviasse as dores físicas, mas Ele saía às ruas e curava as pessoas. Curava-as não apenas de seus males físicos, mas dos males do espírito também, que podem se transformar em dores até mais profundas que as do corpo. Com suas mãos, com seu terno olhar, Ele as tocava, e elas se transformavam.

Jesus ensinava com o que tinha em mãos. Usava como exemplos a natureza, os alimentos, os animais, o mar, o céu, tudo aquilo que as pessoas viam e entendiam.

Então, em certo dia olha para as montanhas e diz: "Se você tiver fé, se você possui fé do tamanho de um grão de mostarda, você pode mover estas montanhas". Jesus quis explicar aos discípulos que a fé era capaz de mover montanhas. Naquele momento ele deixa claro que todos os que seguissem seus ensinamentos se tornariam seus discípulos.

"Pois em verdade vos digo que, se tiverdes fé como um grão de mostarda, direis a este monte: 'Passa daqui para acolá, e ele passará. Nada vos será impossível'." Mateus 17:20

Você e eu, em nossa simplicidade, somos discípulos de Jesus. Possuímos os sentimentos de Jesus, que estão dentro de nós. Por conta disso, toda a nossa fé é capaz de mover montanhas.

É claro que Jesus não queria dizer, literalmente, que as montanhas sairiam dos lugares.

Jesus dá outro exemplo de poder quando diz:

"Respondeu-lhe o Senhor: Se tiverdes fé do tamanho de um grão de mostarda, direis a esta amoreira: Arranca-te e transplanta-te no mar; e ela vos obedecerá". Lucas 17:6

Por que Jesus considera justamente esse pequeno grão de mostarda como exemplo para uma fé pela qual podem acontecer grandes coisas?

Já se questionou sobre isso?

Como um pequeno grão de semente é capaz de ilustrar a força de se transportar montes? De dar ordens, de modificar, de transformar? Parece difícil de acreditar.

Uma semente, em menos de um ano, pode se transformar num grande arbusto com galhos de dois a três metros.

Onde aparentemente nada existia surge uma árvore gigantesca. E são justamente essas condições mínimas que o Senhor usa para ilustrar a fé suficiente para remover montanhas!

Essa "fé do tamanho de um grão de mostarda" não aponta de maneira clara para a nossa fé, que muitas vezes é tão fraca e pequena? O importante, porém, é que ela esteja em você.

Quantas vezes você sentiu ou até pensou: "Tenho uma fé bem pequena, do tamanho de um grão de mostarda!".

Quero lembrar que muitos de nós, repetidas vezes, já tivemos a impressão de que nossa fé era assim tão pequena e insignificante. Era, no passado mesmo! Agora você sabe de seu potencial, de seu poder. Essa pequena fé, quase imperceptível, segundo as palavras de Jesus, tem o poder de transpor montes.

Vamos, agora, mudar o raciocínio!

Neste momento, pensemos na montanha dos nossos problemas, das nossas dores, dos nossos sonhos não realizados, dos amores não correspondidos, das traições vividas...

Quanto peso carregamos no coração?

Quanto peso mais continuaremos a carregar dentro de nós?

Se tivermos fé e acreditarmos, conseguiremos realizar quando menos esperarmos.

Nossas grandes realizações ainda estão por vir, e os dias melhores também. Jesus disse aos discípulos: "Vocês podem. Façam, realizem e vão adiante".

"Façam", disse Ele.

Um sentimento de realização toma conta de nós quando acreditamos em nós mesmos.

Nada mudará se não mudarmos antes.

Existe verbo mais significativo do que "fazer"?

Sim, talvez "sonhar". Mas quem é sonhador?

Se você é capaz de sonhar algo neste momento, pode

buscar pelos seus sonhos. Eles esperam por sua coragem de seguir em frente. Não deixe que o medo o atrapalhe. Mude o raciocínio. Sua semente de mostarda já começou a brotar. Quando você conseguir mudar, tudo se transformará!

Você tem fé?

Quais evidências ajudam a comprovar sua resposta? Seus objetivos são atingíveis, digo, realmente viáveis?

10

Enxergue com fé

Mestre Jesus,

Que minha fé jamais se acabe!

Fazendo uso da palavra, na liberdade de minhas escolhas, estou aqui neste momento.

Estou agora rompendo uma barreira em nome do seu amor, porque quero e serei vencedor.

Já sou vencedor em sua presença.

Assim como Deus disse 'haja luz' e houve luz, estou pedindo neste momento luz em minha vida: luz à minha consciência, às minhas decisões, ao meu vigor físico, ao meu lar, ao meu trabalho, aos meus relacionamentos.

Mestre Jesus,

Peço-lhe também que haja luz em minha vida, porque acredito na força da Palavra e no poder das atitudes.

Inicio agora uma nova história, não de arrependimentos, mas de perspectivas, de horizonte, de futuro. Sempre na companhia do Amor.

Que assim seja.

Você tem fé? Essa pergunta foi muito usada por Jesus em diversas cenas do Evangelho. Antes de realizar um milagre, Ele sempre perguntava às pessoas: "Você tem fé?".

Volto a perguntar: "E, você, tem fé?".

Se respondeu "sim, tenho fé", creio que nossa caminhada ficará mais precisa a partir de agora. Se respondeu "não", sugiro que leia novamente o capítulo "Os passos e as palavras certas".

Se você pensa que todas as pessoas aplaudiam e gostavam de Jesus, saiba que está totalmente equivocado.

Muitas pessoas falavam: O que este homem está fazendo aqui? O que quer aqui? Quem é Ele? Quem pensa que é?

E o desafiavam, curiosas, mas Jesus não se deixava intimidar. O que Ele queria era buscar as pessoas, falar de fé, de realização, mostrar que dentro delas existiam bons sentimentos.

Jesus nos ensinou a amar, a respeitar, a buscar nossos próprios sonhos. E mais do que isso, nos mostrou que além do horizonte existe um lugar melhor para viver. Quando abrimos a cortina dos nossos problemas e começamos a olhar mais à frente, tiramos a nuvem de fumaça que não nos deixa enxergar o caminho correto.

Tire você também essa nuvem dos seus olhos.

Enxergue com fé e realize o que é necessário em sua vida. Os sentimentos de Jesus borbulham em nós.

Porém, não temos a coragem que Ele tinha de assumir verdades. Se temos até vergonha de sonhar, imagine então de realizar nossos sonhos.

Ficamos preocupados com o que o outro vai falar da nossa roupa, do nosso cabelo, com quem estamos nos relacionando. Preocupamo-nos muito mais com a voz do mundo do que com a nossa voz interna.

O que vale muito mais, de verdade mesmo, é a nossa alma, os nossos próprios sentimentos. Quem não vive dentro de nossa casa, de nossos problemas, de nossa história não sabe nada sobre nós. Não devemos dar poder a essas pessoas. E pode acreditar: os seus, os nossos sentimentos estão muitos próximos dos sentimentos de Jesus humano.

Quando Ele esteve aqui, tornou-se nosso semelhante, com todas as características humanas, para nos ensinar o quanto somos capazes.

A cena em que Jesus dorme no barco enquanto os discípulos se desesperam com a tempestade é muito interessante. Ele acorda em meio aos gritos de terror, caminha e levanta as mãos em direção ao mar, ordenando que se acalme. Jesus cessa a tempestade.

"'Aquiete-se! Acalme-se!' O vento se aquietou, e fez-se completa bonança." Marcos 8:39

Jesus acalma a tempestade. Você entende esse recado?

Naquele momento Jesus estava querendo cessar a tempestade no mar. E hoje ele está querendo acalmar a nossa tempestade interior. No mar e na vida acontece a mesma coisa. Se você não tiver fé e deixar o sentimento de medo tomar conta, com certeza será difícil sair de qualquer tormenta.

Talvez por isso Jesus questiona seus discípulos que gritavam desesperados.

"Por que vocês estão com tanto medo, homens de pequena fé?" Mateus 8:26

É preciso enxergar com fé. Quem tem os olhos da fé ultrapassa as tempestades da vida com a certeza de que elas ficarão para trás. Jesus jamais nos abandona na aflição.

Dê uma ordem à sua tempestade neste momento.

Como será essa frase de ordem? Escreva-a.

Agora repita diversas vezes para mentalizar!

Como se sente ao dar uma ordem ao seu desafio?

Quanto controle pessoal você tem sobre seu desafio?

11

Amar cura

Mestre Jesus,

Ajude-nos a mudar nossa vida. Dê-nos rota e força, esperança e luz e, principalmente, inteligência para enxergar o caminho certo a seguir.

Se formos merecedores, Mestre, e se tivermos crédito, queremos mudar nossa situação.

Transformando doenças em curas;

angústias em alegrias;

dores físicas em alívio e disposição;

tribulações em paz de espírito;

perturbações e amizades corrompidas em alívio;

dívidas em resolução dos problemas financeiros;

portas trancadas em acolhimento;

feridas de rancores, mágoas e melindres em serenidade de quem sabe limpar todo o mal;

caminhos tortuosos em esclarecimento.

Que assim seja.

O amor é um sentimento muito forte em nosso dia a dia. Ele se faz presente em tudo o que fazemos com capricho e dedicação.

Mas, às vezes, nos flagramos reclamando da vida. Não raro nos esquecemos de que as ondas vêm e balançam nosso barco. Chegamos até a pensar que estamos prestes a afundar.

Quantas vezes perdemos a rota do nosso barco? E então vemos um farol distante, mas não conseguimos chegar até ele. Até que ele se apaga. Sem forças, perdemos aquela luz que nos direcionaria ao caminho de volta.

E a escolha é sempre nossa. Escolhemos nossa própria trajetória. Porém, não devemos nos esquecer de que Jesus sempre nos ajudará com seus exemplos. Ele faz com que olhemos para a frente e sigamos.

Nossa embarcação pode até balançar, sofrer com as ondas, mas devemos tirar a água nem que seja com baldes.

A água só afundará nosso barco se ela estiver dentro dele. Fora, nos dará sustentação para que continuemos nossa viagem.

As amarguras, invejas, tristezas e ódios são como um mar de sentimentos negativos. No meio dele estamos nós, dentro da embarcação, em um mar revolto de sentimentos ruins.

Mas eles só irão nos afundar a partir do momento em que estiverem dentro do nosso barco. Deixemos que as águas revoltas deem sustentação ao nosso barco, mas sem permitir que entrem nele.

Sei que você, diversas vezes, já sentiu o seu barco naufragado, perdido na escuridão, sem saída. Mas quem vivencia os exemplos de Jesus, no sentimento da vitória, do amor, da luz, da prosperidade, faz com que seu barco emerja, seguindo a luz do sol. Agora não há mais necessidade do farol, porque seu olhar está lá na frente, em direção à luz. Essa luz é Jesus, que o conduz por meio dos seus sentimentos, dos seus ensinamentos e do seu amor. Uma onda de tristeza, de amargura, de depressão, de decepções pode colocar um pouco de água dentro do barco, mas o balde sempre estará lá, a ajudá-lo a jogar fora toda a água. O barco, então, nunca mais irá afundar.

Prometa para você mesmo que não vai mais deixar seu barco afundar. Jesus está confiando que você chegará ao seu objetivo.

Todo o planeta foi planejado para que a vida de cada um de nós evolua, física e espiritualmente. Você sempre estará evoluindo, se transformando, ainda que escolha ficar parado. Sua evolução pode demorar mais, mas ela acontecerá, cedo ou tarde.

Precisamos perceber que caminhamos em direção a alguma coisa. Mas a que, afinal?

Se tomarmos a palavra amargura e trocarmos a letra "g" pela "c", surgirá **amarCura**. Amar cura muitas coisas. Ame para ser curado, ame para curar.

O maior sentimento que Jesus nos ensinou foi o sentimento do amor. Jesus falava de fé, de realização, de uma vida melhor, de uma vida além da morte. Mas falava principalmente de amor, único sentimento que une almas.

Seu barco pode não ser o mais luxuoso, não ter uma cor tão bonita, não ser tão grande como outros ao seu lado, mas ele é seu. E o que importa de verdade é a direção que está tomando.

Para onde você está indo?

Qual a direção?

Você ainda não a encontrou?

Siga a luz, siga todos os ensinamentos de Jesus. Ele é o seu farol. Porque é bem-aventurado aquele que segue o amor, a união, a família. É bem-aventurado aquele que se ama. Quem não se ama é um barco prestes a afundar, porque fatalmente deixará entrar o que não é bom.

Reflitamos: será que nosso olhar está mais atento ao barco dos outros, e não estamos cuidando da nossa embarcação, da nossa tripulação?

Imagine, em alto-mar, vários barquinhos seguindo em uma mesma direção. Deus nos criou para sermos barcos vitoriosos. Ele nos criou para que naveguemos em um mar de vitórias, para que não deixemos que a água nos invada e nos afunde.

Você já pensou neste momento no que está precisando jogar para fora do seu barco?

Já pensou no que você está precisando transformar?

Há tanta coisa para ser transformada, tanta coisa para

ser melhorada, mas, muitas vezes, olhamos com tanto egoísmo para a nossa própria vida que não conseguimos sequer escutar os sentimentos de Jesus.

Ele continua nos buscando, nos amando, nos amparando. Ele continua trazendo coisas boas à nossa alma.

Deixe em seu barco apenas coisas boas. Deixe dentro dele só o que for de Jesus; só o que for do grande Mestre, que nos ensina com seus exemplos e nos busca com seus sentimentos. No meu barco existe uma bandeirinha em que está escrito: "Aqui, só os sentimentos de Jesus navegam".

Quais as coisas que deixam você feliz em sua vida? Como você se sente em relação a essas coisas? Explique a sensação.

O que faz você se sentir motivado?

O que deixa você orgulhoso?

Quais acontecimentos até hoje, em sua vida, te deixam grato?

Quem você ama?

Quem ama você?

12

Nosso primeiro milagre

Mestre Jesus,

Que meus olhos possam ver o Amor, o amor que cura, que liberta, que flui. Porque assim é o seu amor para comigo.

Portanto, quero trocar tudo o que em mim não esteja bom.

Sei que não é de uma hora para outra, mas já estou seguindo na direção do meu melhor.

Trocando ideias, informações, gentilezas e palavras de afeto já estarei bem melhor.

Mestre, obrigado por sua atenção. Este momento é tão curtinho, mas só Eu e o Senhor sabemos que aqui, no meu íntimo, é essa força que me mantém em pé. Obrigado mesmo.

Que assim seja.

Uma das coisas que precisamos aprender com Jesus é proclamar a nossa vitória, a nossa mudança. Separei, especialmente, cinco importantes etapas que podem contribuir para essa transformação:

1ª: **identifique seu desafio**. É preciso usar a razão, a inteligência e a objetividade.

2ª: **apresente seu problema a Jesus com clareza.**

3ª: **tenha coragem de mudar**. Com medo nada acontece; assuma responsabilidades.

4ª: **tenha fé.** Ela é necessária para a transformação.

5ª: **aja.** Só então tudo acontece.

Entregue-se sem medo do que virá.

Jesus foi convidado para uma festa de casamento na cidade de Caná. Ele não havia sido convidado por causa de sua fama, uma vez que ainda não era conhecido pela grande multidão, mas porque as pessoas mais próximas gostavam dele. Ele foi ao casamento com toda a sua simplicidade, acompanhando sua mãe e alguns amigos.

Abra o seu coração e mergulhe nessa festa de casamento. Uma festa conhecida por todos nós, pois foi nela que Jesus realizou seu primeiro milagre público: a transformação da água em vinho.

"Jesus e seus discípulos também haviam sido convidados para o casamento. Tendo acabado o vinho, a mãe de Jesus lhe disse: 'não tem mais vinho'." João 2:2-3

Identificamos nessa passagem a **primeira etapa:** o desafio.

Na vida, não possuímos "problemas" nem "dificuldades", mas sim desafios. Quantas vezes, ainda pela manhã, acordamos já listando uma série de "problemas": as reuniões de trabalho, os filhos que precisam ir à escola, o companheiro que não nos dá atenção, as contas a pagar, o trânsito a enfrentar, o tratamento médico que não surte efeito...

São tantas coisas a resolver, que a cabeça fica parecendo uma prateleira cheia de produtos, e não sabemos qual pegar primeiro; uma prateleira de problemas, e não sabemos por onde começar. Quando excluímos o problema e o substituímos por um desafio, todos vão sendo resolvidos, etapa por etapa. Jesus nos ensina com suas obras essa arte de vencer desafios. Ele passa com excelência por todos eles.

Voltando à festa, surge-lhe então um desafio. Algo que angustia as pessoas que estavam organizando a festa. Faltar vinho nos casamentos daquela época era como não ter bolo nas festas de hoje.

Servir vinho era uma forma de respeito às pessoas, e todos esperavam por isso.

Não servi-lo era sinal de desrespeito e uma situação constrangedora.

Maria, preocupada, chama Jesus e apresenta a Ele o desafio: a **segunda etapa**.

Imediatamente, Jesus olha à sua volta. Ele vê seis potes feitos de pedra, daqueles usados pelos judeus nas cerimônias de purificação. Em cada pote cabiam entre 80 e 120 litros de água. Jesus pediu para que fossem enchidos de água. E assim foi feito.

Durante a vida, precisamos aprender a compartilhar atividades, a compartilhar responsabilidades. Nem tudo é nossa responsabilidade.

Dessa forma conseguimos dividir tarefas, e as coisas ficam mais leves.

Quando queremos abraçar o mundo com as pernas, acabamos exaustos. Destinamos, inutilmente, toda a nossa energia e acabamos não realizando nada.

Depois que as pessoas encheram aqueles potes com água, Jesus aproxima-se, e ali acontece mais um milagre. **Terceira etapa**: coragem de mudar.

Jesus disse: "agora, levem um pouco de vinho ao encarregado da festa". E eles fizeram isso, porque água já fora transformada em vinho. Os serviçais sabiam, mas o encarregado da festa, não. Então, este chamou o noivo e disse: "todos servem primeiro o melhor vinho, e depois, quando já estão meio bêbados, o vinho inferior é servido, mas você guardou o melhor vinho até agora".

Era a água transformada em vinho por Jesus. Interessante observarmos a sequência dos fatos, o desenrolar das atitudes, e como podemos refletir sobre isso e aprender. Qual foi a primeira coisa que aconteceu? Surgiu um desafio! Então, em sua vida, identifique e procure resolver seus desafios assumindo responsabilidades.

Nenhum desafio é superado sem que se traga a responsabilidade para si.

Algumas pessoas sofrem por anos e não se dão conta de que, muitas vezes, elas – e somente elas – poderiam diagnosticar e resolver seus desafios. Eu não consigo ver o seu desafio, mas você sabe o que está acontecendo com você.

E sabe identificar. Se você quer vencer, tem de identificá-lo.

Aliás, você sabe o que pode melhorar. Não faça como aquelas pessoas que vivem reclamando a todo momento e repetem a mesma história centenas de vezes.

Por exemplo, de repente, em um ponto de ônibus, alguém começa a contar o problema para um desconhecido ao lado. E repete a mesma história dentro do ônibus ou em qualquer lugar que esteja, sejam pessoas conhecidas ou não.

O que quero dizer é o seguinte: você já contou seu desafio para você mesmo? Você já o identificou?

Será que diante da sua própria vida já conseguiu olhar para dentro de você verdadeiramente?

Você identifica seu problema, mas acaba contando para os outros, como se fossem capazes de resolvê-los?

Aliás, alguns, a cada vez que contam seus problemas, acabam aumentando-os ainda mais. Parece que adoram tragédias! Parece que viver em tempestade acaba sendo até distração.

Pergunto: você quer realmente vencer seu desafio? Caso contrário, você vai passar o resto da sua vida sendo uma repetição de si mesmo. Tenha a coragem de servir os potes cheios sem duvidar de que lá dentro há vinho.

A **quarta etapa** se destaca: é preciso fé para que haja transformação.

Isso é força interior! Se não acreditar em você nada acontece!

Se aqueles serviçais da festa duvidassem que ali existia vinho, eles não teriam levado os potes ao encarregado da festa. Proclame a mudança na sua vida e tenha coragem de mudar o que verdadeiramente não está bom.

O que tem para a sua vida é o melhor: o melhor vinho servido foi transformado por Jesus. O melhor caminho da sua vida a ser seguido é aquele transformado por Jesus.

Os potes foram enchidos com água conforme ordenou Jesus. Mas é a fé que gera a ação, e a ação é que gera um milagre.

Quinta etapa e última: a ação se faz presente.

Não tenho dúvidas de que o melhor ainda está por vir em nossa vida. Da mesma forma como o vinho servido no final da festa – e que não foi qualquer um!

Foi o melhor!

O melhor vinho da nossa vida está por vir. Jesus não esperava fazer um milagre na festa.

Mas, quando solicitado, esteve pronto a fazê-lo.

Isso significa que devemos estar prontos para a nossa transformação. A oportunidade pode surgir a qualquer momento, e estar pronto é um sinal de que ela não fugirá de nós, não fugirá de nossas mãos.

Tente listar as dezenas de oportunidades que passaram pelas suas mãos todos esses anos, e você achava que não estava pronto.

Quem disse que hoje você não está pronto? Que não está preparado para agarrar as oportunidades que estão passando?

De que adianta ficar aguardando e reclamando de oportunidades que não vê surgir?

Obstáculos costumam ser vistos como empecilhos, mas podem também fazer parte da caminhada. Para o otimista, que tem fé, que acredita em Jesus e nos sentimentos dele, obstáculos são apenas degraus.

Então, tenha coragem e proclame a mudança em sua vida!

Busque o novo!

Certamente valerá muito a pena para a sua vida!

Transforme-a.

Tenha plena certeza de que a fé é poderosa aliada.

Quando nos colocamos diante de Jesus, trazemos para dentro de nós sentimentos de amor, de fé, de otimismo, de perseverança, de persistência.

Na festa, o melhor vinho era servido no começo, como hábito da cultura de então. Mas o melhor acabou vindo depois. Na vida, confie mais, e verá que o melhor vinho está para ser servido. Seja você o seu primeiro milagre. E faça a si mesmo uma pergunta importante: eu sou um milagre todos os dias?

As coisas já começaram a acontecer.

Você já está diferente.

Perceba seu olhar, seu ângulo, tire seu filtro negativo da frente e defina agora: qual será seu primeiro milagre?

Descreva com detalhes aqui.

Do que você precisa para realizar esse sonho?

O que pode fazer para chegar mais depressa?

Que tipo de pensamento lhe fortalece?

"Milagre do vinho em Caná." Acompanhe o depoimento do autor sobre essa passagem bíblica.
https://www.youtube.com/watch?v=NlljndihPnU

13

Quem calça os seus sapatos?

Mestre Jesus,

Só eu conheço cada passo que dou. Sei, Mestre, que o senhor também conhece a minha história e percebe o quanto me esforço para ser melhor e superar meus desafios. Creio na Glória de Deus e no seu Amor por mim, que me guia de dia e de noite. Creio na luz que expande através do meu pensamento positivo e que afasta todos os males, protegendo-me dos inimigos visíveis e invisíveis.

Creio que a força transformadora que habita dentro do meu peito alimenta a minha fé a cada passo, fazendo com que o impossível se torne realidade.

Que assim seja.

Esta frase "Quem calça seus sapatos?" quer fazer você refletir sobre o seguinte: quem sabe sobre seu caminho é você.

Quem o acompanha todos os dias, o tempo todo, é você mesmo. Apenas nós, personagens centrais de nossa vida, podemos responder por nossos atos. Nossos sapatos marcam nossos passos, nossa caminhada, nosso trabalho, nossa dedicação.

Quando assumimos o controle de nossa vida, as coisas começam a tomar outro rumo. Deixamos a postura de vítimas e assumimos o volante. Entra em cena o protagonista, e esse sim é aquele que realiza. A vítima perde energia e tempo, o protagonista faz acontecer. Mas assumir o comando da vida significa assumir todos os riscos.

Alguns de nós estão nesta viagem como passageiros, deixando que outro motorista assuma o caminho. É uma opção, mas o resultado nem sempre é o desejado. Se deixarmos a direção a outro, não poderemos cobrar resultados.

Jesus, quando esteve aqui neste plano, não se limitou a resolver os desafios particulares de cada um. Ele se dedicou a nos ensinar o caminho para que, a partir daí, pudéssemos caminhar por nós mesmos e colocar em prática o amor eterno, o amor fraternal, o amor compartilhado. Mas jamais se comprometeu a resolver o desafio particular de cada ser humano.

Jamais se comprometeu a dirigir a vida de ninguém.

Ele mostrou o caminho, com seus exemplos, com suas histórias, como uma seta que nos orienta numa estrada desconhecida.

Jesus mostrou também o mapa a seguir, mas não nos carrega no colo. É muito cômoda a imagem de Jesus a nos carregar. Assumir o verdadeiro fluxo da vida e a responsabilidade por nossos atos e conquistas ainda é muito difícil, mas é isso que conta.

Precisamos pensar que só o fato de poder aprender e progredir já é uma dádiva.

Quantos recursos, quanta inteligência, quanta sabedoria temos nós! Quantas oportunidades de criar e recriar!

Quantas vezes olhamos com desprezo nossa própria história? Por causa disso, quantas vezes transformamos nossos próprios exemplos de vida em algo pesado, difícil para ser superado?

Diversas vezes, ao longo de nossa vida, queremos dividir o peso de nossas responsabilidades e desafios. Buscamos a religião, a espiritualidade; despejamos nossas preocupações na família, no marido, na esposa, nos filhos, no chefe, nos colegas de trabalho... No entanto, quando adotamos a postura de vítima, estamos adotando também a responsabilidade de sofredores. Porque vítima é quem sofre.

Por não assumirmos o comando de nossa vida, colocamos a culpa dos resultados no outro. Esquecemos que somos nós que fazemos nossas escolhas. Aliás, só o fato de deixar que alguém tome o comando de nossa vida já é uma escolha.

Felizmente, há pessoas que nos ensinam por meio de suas histórias e experiências. Olhe à sua volta. Neste momento há dezenas de pessoas com as quais você pode aprender. Olhe diferente o outro. Pense sempre: o que preciso aprender aqui?

E guarde este pensamento: "Eu calço os meus sapatos. Eu sei de mim".

Você veio a este mundo, como eu e tantas outras pessoas, para ser vitorioso, para ser vencedor. O vitorioso não vê fracasso, ele vê ensinamentos para progredir. Ao melhorar, sabe que vai seguir adiante e não irá parar por nenhum obstáculo.

Simplesmente entende o obstáculo como uma placa que diz: "vá pelo outro caminho".

Às vezes os desafios são gigantes, assustam, mas se estão à nossa frente é porque podemos ultrapassá-los. Obstáculos também são recados de vida.

Um livro de que gosto muito, *A busca pela Espiritualidade*, de James Van, diz o seguinte: "Quando nascemos, tudo de que precisamos para realizar o plano está registrado no corpo etéreo. Em outras palavras, todas as respostas para os nossos problemas estão dentro de nós".

Olhe que frase importantíssima: "todas as respostas para os nossos problemas estão dentro de nós". Ela explica nosso método aqui, que é não enxergar problema, mas sim desafio. Veja que todas as respostas para os nossos desafios já estão em nós.

Não desista, por mais trágico ou cruel que seja seu desafio ou a sua dor neste momento. Continue! Nada justifica você parar.

Jesus não parou. Silenciou, mas não parou. Porque, até quando silenciou, Ele tinha algo a dizer.

Não importa se você já caiu dez vezes. Levante "onze". Levantar significa ser sempre mais. Mais dignos, mais fortes, mais amadurecidos. Todas as vezes em que nos levantamos somos sempre mais. Vivenciar os ensinamentos de Jesus é ser sempre mais. Mudar de rota nunca é menos. É sempre mais. Eu calço os meus próprios sapatos e me torno uma pessoa melhor. Repita isso para você.

Isso é incrível. Somos sempre mais.

E, sendo sempre mais, vamos nos aproximando da luz, da espiritualidade, de uma existência plena, da tranquilidade de saber que a vida nunca castiga, apenas nos ensina a mudar a rota, a mudar os caminhos.

Jesus não veio para resolver os desafios de ninguém, mas fez uma única exigência quando esteve na Terra: pediu que nos amássemos e chocou os homens quando nos ensinou a perdoar. Ele nos quis dizer que é desta forma, amando e perdoando, que podemos melhorar, evoluir e entender os recados da vida. Quem ama multiplica, quem perdoa vive mais leve. São atitudes que estão ao seu alcance, afinal, quem calça seus sapatos é você.

Jesus também teve seus dias estressantes. O povo duvidava dele, e o governo da época o perseguia e o pressionava. Viver sob pressão é terrível. Até alguns de seus seguidores duvidaram dele. Enquanto muitos de nós já teríamos explodido no primeiro conflito, Jesus agiu com sabedoria.

Apesar das pressões e da avalanche de desafios pela frente, Jesus não tratou mal nem abandonou sua responsabilidade. Ele fez justamente o oposto. Nesses momentos precisamos aprender com Jesus.

Ninguém poderá sentir o que o outro sente, pois as experiências de vida são individuais. Mas se agirmos como Jesus agiu, procurando vivenciar seus sentimentos de paz e serenidade, mesmo diante das piores adversidades, cresceremos. Lembre-se: somos mais.

Por amor ao outro e pela leveza do perdão, nos transformamos em pessoas melhores. Quando conseguir superar todos os desafios, não fique parado nas lembranças dos momentos difíceis, mas sim na alegria de haver atravessado mais essa etapa de sua vida.

"Caminhem e trabalhem comigo! Observem como eu faço! Aprendam os ritmos livres da graça." Mateus 11:29

Agora vá. Calce seu melhor sapato, porque quem caminhará hoje ao seu lado é Jesus.

Corra! Ele o espera. Mas vá decidido a ser diferente.

Entre o taxista e o piloto de Fórmula 1, quem ganha mais monetariamente?

E quem assume mais riscos?

Você tem assumido os riscos e os resultados de sua caminhada?

Você tem calçado seus sapatos ou ainda caminha com os dos outros?

Que atitudes comprovam sua resposta?

Como você pode agir para assumir total controle do seu objetivo? Você segue seus planos até o fim?

14

O impossível é possível

Mestre Jesus,

Abençoe meu trabalho, livre-me da inveja e da maledicência, que me atrapalham e tiram minha paz.

Que todos encontrem o caminho da luz e do amor, assim como eu encontrei. Aprendi com você a transformar o impossível no possível e sei que estou melhor a cada dia. Quantos desafios já venci, Mestre, graças à sua força e ensinamentos que me esclarecem sempre. Que eu possa continuar nesta paz, neste caminho, com sabedoria para vencer os limites do impossível.

Que assim seja.

Diariamente, situações de desespero, tristeza e perda acometem milhares de pessoas. São grandes desafios. A perda de um ente querido, a falta de emprego ou uma doença que chega de repente são capazes de desestruturar uma família inteira.

Uma frase do escritor britânico Arthur C. Clake ilustra bem tal situação: "O único caminho para descobrir o limite do possível é ir além do impossível".

Quantos gritos silenciosos de pessoas que passam por situações difíceis todos os dias ecoam no mundo? Aparentemente sorriem, mas por dentro sofrem em silêncio.

Querem pedir socorro, mas não têm coragem de dizer que estão sofrendo as mais variadas dores: do amor, da desilusão, do luto...

Quando não estamos bem, parece que o mundo percebe, menos as pessoas com quem convivemos. Já não lhe aconteceu de pessoas que há muito tempo não via, de repente, acharem que você não está bem, porém, dentro da sua casa ninguém percebe?

Será que em nossa casa, ao nosso lado, também não existe alguém triste, deprimido, precisando de ajuda, de uma palavra de conforto, de um ombro amigo?

As igrejas, os centros espíritas, os templos estão abarrotados de pessoas que diariamente buscam alento para seus conflitos. Geralmente as pessoas vão em busca de Deus quando as coisas complicam, quando situações difíceis surgem.

Analisando a quantidade de livros de autoajuda vendidos e a quantidade de antidepressivos prescritos, temos uma boa dimensão de como nos encontramos nesta grande caminhada: pessoas buscam a solução dos seus problemas externamente, mas não percebem que a solução está dentro delas mesmas.

Jesus, em uma linda manhã, caminhava pela praia. Quando viu alguns pescadores voltando sem sucesso de uma noite toda de pescaria, resolveu parar e conversar com eles.

Eram homens cansados e desanimados; no fundo, sentiam- se impotentes e frustrados.

Quantas vezes também não nos sentimos assim? Quantas vezes saímos pela manhã e voltamos à noite achando que nossa pescaria foi perdida? Voltamos sem emprego, sem esperança, sem respostas. Aqueles homens voltaram à praia como muitas vezes voltamos para casa todos os dias.

E hoje? Como foi a sua pescaria?

E ontem? Foi boa?

Aqueles homens do tempo de Jesus eram profissionais da pesca. Conheciam todas as técnicas, mas voltaram de uma longa noite de insucesso. O sentimento de fraqueza e impotência estampava o rosto de cada um daqueles homens. A preocupação por não conseguir dar o sustento da família, por não cumprir com seus compromissos, os desesperava. Jesus provavelmente fez a leitura do rosto de cada um deles e também de seu coração.

Quantas vezes ficamos acordados a noite inteira por causa de um fracasso, de um desafio, por algo que não conseguimos realizar? Sentimos, simplesmente, que a nossa pescaria não deu certo.

"Mas ao romper da manhã, Jesus se apresentou na praia; todavia os discípulos não sabiam quem era ele. Disse-lhes, pois, Jesus: 'Filhos, não tendes nada que comer?'. Responderam-lhe: 'Não...'." João 21:4-6

Jesus pede para Pedro e os outros que voltem a jogar suas redes. Pedro ainda insiste em dizer que nada pescaram a noite toda. Para ele, provavelmente Jesus não entendia nada de pescaria. Como um homem que não era pescador poderia ensinar aquela tarefa a eles, que eram pescadores profissionais? Jesus pergunta: "Filhos, não tendes nada para comer?". E aqueles homens respondem: "Não!". Jesus insiste: "Lançai a rede à direita do barco e achareis". Atendendo à insistência de Jesus, Pedro joga mais uma vez a rede. Para a surpresa de todos, eles pescam tantos peixes que o barco quase afunda, e as redes por pouco não se rompem por causa do peso.

"Disse-lhes Ele: 'Lançai a rede à direita do barco, e achareis'. Lançaram-na, pois, e já não a podiam puxar por causa da grande quantidade de peixes." João 21:4-6

Precisaram chamar outros pescadores para ajudar. Outros barcos vieram, e a multidão viu mais um milagre acontecer.

Quantas vezes jogamos a nossa rede e nada pescamos? Quantas vezes insistimos em um sonho que nunca chega? Acreditamos em um novo emprego, em um grande amor, em uma grande viagem, mas nada disso vem para nós. Quantas vezes voltamos para casa arrasados, sentindo que a nossa rede estava vazia?

Os dizeres de Jesus serão sempre atuais, aliás, nunca estiveram tão atuais. "Jogue a rede mais uma vez", Ele diz. É preciso acreditar na vida e em si mesmo!

Jesus acreditou. Colocou diante de si a fé inabalável por seu Pai e lançou-se ao mundo com toda a certeza.

Os pescadores, por sua vez, acreditaram nas palavras dele. Jesus ainda continua nos dizendo todos os dias: "Jogue a rede mais uma vez e, acima de tudo, confie em mim".

Você prestou atenção nessa frase?

Ele está dizendo para você: "jogue a rede mais uma vez e, acima de tudo, confie em mim". Jesus não desistiu facilmente em nenhuma de suas tarefas e obrigações – o que não significa que Ele não tenha sentido dor, desânimo ou cansaço. Jesus estava em um corpo humano, e tudo o que você sente, possivelmente, Ele também sentiu. Jesus se sentiu sozinho, angustiado, preocupado... Sinal de que podemos errar, fracassar, mas precisamos acreditar, persistir e perseverar.

Sonhe, acredite em seu sonho, siga-o. Crer de fato é o que o torna forte, e o universo o ajudará a concretizá-lo. A revolução que Jesus proporcionou àqueles homens foi tão grande que Pedro transformou-se em pescador de homens.

Linda história, lindo momento, linda lição.

"E ainda muitas outras coisas há que Jesus fez; as quais, se fossem escritas uma por uma, creio que nem ainda no mundo inteiro caberiam nos livros que se escrevessem." João 21:25

Aqueles homens na praia eram pessoas como eu e você que, todos dos dias, possuem desafios a serem vencidos.

Somos como aqueles pescadores. Saímos todos os dias de casa em direção à nossa pescaria. Também estamos buscando e provavelmente muitas vezes pensamos em desistir. Muitos desistiram, mas não você! Não desista, siga adiante!

Vamos jogar a rede em todos os lados do barco. Temos certeza de que o fracasso não foi feito para a nossa vida; fomos, sim, feitos para vencer, avançar e ser pessoas melhores.

Agora reflita sobre estas características:

- Determinação
- Visão
- Coragem
- Força
- Compaixão
- Comprometimento
- Liderança

Quais delas Jesus possuía?

Todas!

As pessoas marcam suas histórias por atitudes!

Jesus marcou sua história não apenas pelos discursos, mas por viver e realizar o que falava. Jesus transformou o impossível em possível.

Quando sua embarcação estiver chegando à praia e você estiver pensando em desistir, volte para o mar e jogue novamente a rede. O mar é muito grande para viver sem você e sem os sentimentos de Jesus.

Para Jesus, não existe o impossível. E para você? Escreva e repita para você mesmo e para o Universo: "Eu nasci para vencer! Eu nasci para a vitória". Jogue suas redes e defina aqui suas próximas pescarias.

Você acredita em si mesmo?

Que atitudes positivas comprovam sua resposta?

O que está fazendo agora para construir o futuro que quer ter?

Acompanhe, por meio do QR Code ao lado, o autor William Sanches na travessia do Mar da Galileia. https://www.youtube.com/watch?v=OP7LYV1UjQg

15

Uma vida livre de qualquer desespero

Mestre Jesus,

Nesta paz que me encontro quero permanecer. Sua força me impulsiona a continuar. Sua vida me encanta, sua misericórdia em nos aceitar como somos me faz seguir seus passos. Busco uma vida livre de qualquer desespero, Mestre. Em alguns momentos, desafios maiores estão à minha frente. Esmoreço, enfraqueço por alguns instantes. Sou humano, e as dores diversas me assustam. O senhor não parou mesmo diante das maiores atrocidades. Quando penso nisso, enxergo meu problema tão pequeno. Tão distante do que eu imaginava ser. Hoje quero mais que tudo agradecer-lhe por mais essa lição de superação. Esta é a palavra: superação. Que eu possa ter na minha vida uma "SuperAção" e alcançar a iluminação e a plenitude.

Que assim seja.

Como sabemos bem, Jesus foi preso, torturado e crucificado. Herodes queria um verdadeiro show. Queria que Jesus fizesse milagres na frente das pessoas. Mas esse nunca foi o objetivo de Jesus.

Como não conseguiu isso, Herodes fez de Jesus motivo de deboche, tentando ridicularizá-lo o tempo inteiro. Jesus foi xingado, maltratado, machucado, caluniado. Pelo povo e pelos soldados.

Aos olhos dos que estavam à sua volta, Jesus era personagem de um show de horror, mas ele sabia o tempo todo o que aquilo tudo significava.

Em meu coração surge a seguinte reflexão: e se nós estivéssemos no lugar daquelas pessoas que o condenavam? Como seriam nossas atitudes? Teríamos a mesma paciência e mansidão de Jesus, ao vê-lo caminhar em direção ao seu suplício? Ou o desespero e a raiva nos abateriam?

"Deus não é Deus da desordem, mas da paz." 1Coríntios 14:33

Jesus, mesmo humilhado, manteve-se íntegro diante da sua ciência da paz, a paciência.

Mais uma vez pergunto: se tivéssemos o poder de Jesus, o que faríamos com Herodes e com aquelas pessoas que estavam zombando dele e o agredindo o tempo todo?

Provavelmente teríamos destruído todos com nosso

poder, como nos filmes de super-heróis. Jesus surpreendeu e incomodou mais uma vez. Em vez de agir como as pessoas esperavam, Ele retribuiu com o silêncio, com a calma.

Jesus se calou diante das pessoas e da humilhação.

Essa lição do Mestre reforça seu mais precioso ensinamento: Ele não receita remédio amargo para o outro tomar.

Interessante que nesse momento, com seu silêncio, Jesus incentivava a que todos pensassem.

Esta era sua especialidade: fazer pensar! Até hoje temos dificuldade em pensar, em refletir, em decidir sozinhos usando a inteligência. Agimos muito mais estimulados pelas emoções do que com a inteligência. Será que é por isso que nos arrependemos tanto de coisas ditas ou feitas no calor do momento?

Quantas vezes não esperamos o outro terminar de falar e cortamos pensamentos e falas de nossos interlocutores de forma indelicada?

Mas observe Jesus. Pacificamente, Ele reagiu àquela violência de forma a fazer com que as pessoas refletissem, entendessem, pensassem.

Nós ainda não temos habilidades de controlar nossas emoções, como Jesus fez, diante de qualquer tipo de agressão.

Detonamos facilmente o gatilho da agressividade, da concorrência, da mágoa contra as outras pessoas.

Provavelmente já destruímos muitas pessoas, seja no

âmbito psíquico ou energético. Somos humanos e caminhamos para o nosso melhor. Isso é fato, mas a caminhada para a santidade ainda está longe de acontecer. Portanto, vamos assumir nossos deslizes. Não há nada de errado nisso. Pelo contrário.

Quantas vezes, dentro da sua mente, você já não desejou mal a quem estivesse lhe tirando a paz?

Um chefe irritante, um companheiro que trai, um colega competitivo, um motorista que provoca no trânsito, um cliente do banco que corta a fila, um vizinho que bate em seu filho na rua...

É preciso amadurecimento para não desejar nada de ruim ao outro.

Algumas pessoas conseguem expor seus sentimentos negativos e dizem o que pensam. Outras guardam tudo dentro de si. Explodem por dentro como verdadeiras bombas atômicas. O corpo que sofre.

Os tímidos, por exemplo, voltam sua agressividade contra eles mesmos. Deixam-se esmagar pelo sentimento de culpa e de raiva; não suportam seus erros nem os dos outros.

Definitivamente, nossa mente e corpo não foram desenvolvidos por Deus para suportar tantas agressões internas.

Mas a tolerância de Jesus é ilimitada. A nossa, ao contrário, é tão limitada quanto os créditos de um celular pré-pago. Jesus é ilimitado. Seu amor também.

Ele estende suas mãos em nossa direção o tempo todo, sem limites.

Jesus não se cansa de nos procurar, mas você o procura?

Quando Jesus é agredido psicológica, emocional e fisicamente, como Ele age?

Casais que brigam e se agridem fisicamente deixaram de se amar e de se respeitar há muito tempo. Onde não existe o respeito não pode existir o amor.

Jesus foi ameaçado por todos os lados e, mesmo assim, aceitou tudo com paciência ilimitada.

É importante entendermos a cabeça do agressor. Como ele vê o que está acontecendo? Um agressor não questiona sua certeza em momento algum.

Infelizmente, nos bastidores da política, há muitos conchavos, muitos acertos escusos. A miséria serve de excelente oportunidade para que os piores políticos se promovam.

Quando Jesus vai à rua e conta para as pessoas que existe um mundo melhor do que aquele, em que elas viviam como escravas, sem sonhos, Ele passa a ser considerado uma ameaça para os políticos.

Jesus era uma grande ameaça porque resgatava o que existia de melhor nas pessoas. Quando o governo lhes cobrava altos impostos, as mais pobres, que não podiam pagar, sentiam-se profundamente humilhadas.

Se você acredita que Jesus pode tirá-lo da pobreza eterna da alma, nenhum governo ou instituição o impedirá de seguir adiante. E quando todas as pessoas lhe disserem "não", silencie, como Jesus fez com sua ilimitada tolerância.

Trabalhe essa tolerância, essa paciência dentro de você...

Em todo momento Jesus nos mostra sentimentos de amor, de educação, de moral, de ética – jamais de fracasso.

"Ainda que eu andasse pelo vale da sombra da morte, não temeria mal algum, porque tu estás comigo; a tua vara e o teu cajado me consolam."

Salmos 23:4

Acredito que estamos caminhando em direção a uma vida livre e plena. Separei algumas dicas que podem ajudar você em momentos de desespero. Em qualquer situação que o desestabilize emocionalmente, lembre-se delas. Chamo isso de "gatilho" da paz.

1º gatilho: É preciso desenvolver uma vigilância sobre todos os pensamentos, sobretudo os negativos. E, quando perceber que um pensamento negativo surgiu em sua mente, substitua-o, imediatamente, por um pensamento oposto. Isso é hábito. Repita toda vez que um pensamento negativo ou vingativo surgir dentro de você. Isso é nada mais que treino. Lembre-se dos atletas. Dos corredores, por exemplo. A cada tentativa, seu tempo melhora, nem que seja um segundo. Aqui funciona da mesma forma. Melhore sempre seu pensamento, de forma que vai chegar o dia em que pensar negativo perderá tanto espaço que você mesmo irá perceber e dar-lhe o devido desprezo. Isso inclui o hábito da reclamação. Pare de se queixar da vida. Comparado a que você reclama? Já imaginou como funciona a mente de alguém que se sente derrotado? Seus pensamentos só formam imagens negativas, que ele transmite a todo lugar. Como acredita que é um derrotado, os outros também acreditarão e passarão e vê-lo sempre dessa forma, tamanho é o poder do pensamento. Por isso a vigilância deve ser constante.

2º gatilho: Entenda que nada acontece por acaso. Estamos colhendo agora o fruto de nossos pensamentos, palavras e ações do passado. É a Lei de causa e efeito. O bom da vida é que sempre há tempo de recomeçar, planejar e começar novas ações. As ações de agora garantirão seu futuro melhor. Não culpe fatos, pessoas, situações. Procure enxergar qual lição a vida está lhe trazendo diante de algum desafio. Abra o coração para entender. Sem julgamentos, as lições ficarão mais claras e possíveis de serem percebidas. Ficar em desespero não ajudará em nada. Muito pelo contrário. Uma mente preocupada, corrompida com negatividade e culpas, não consegue enxergar nada, nem mesmo oportunidades.

3º gatilho: Preocupar-se com a mente dos outros é gastar toda a energia em vão. Os outros sempre estarão nos julgando. O cérebro humano é assim, ele procura sempre uma resposta. Se não tem, é capaz de criar, inventar, mas nunca fica sem resposta. Decididamente, jamais perca tempo com melindres e preocupações que trazem doenças e tiram seu equilíbrio e paz mental. Quando se irrita ou quando é tomado por raiva, você muda completamente seu campo vibratório; acaba "envenenando" sua mente e consequentemente seu corpo. Lembre-se do treino do pensamento positivo. Ele é sempre nosso primeiro gatilho.

4º gatilho: Pare de querer controlar os outros ou os acontecimentos da vida, porque isso é extremamente impossível. Ninguém muda ninguém. A única coisa que podemos fazer é controlar nossa mente e mudar a nós mesmos. Ninguém muda ninguém. Tentar mudar o outro é passar uma vida gastando tempo e energia e favorecendo momentos de desespero. Não controlar o outro é a maior prova de amor ao próximo. Liberdade ensina ambos. Em vez de prender, estimule perguntas para que o outro reflita por conta própria e, quem sabe, decida mudar sua rota. Enquanto isso permaneça na sua paz. Em vez de culpar, use os erros como lições. A vida fica um pouco mais leve quando encaramos tudo como aprendizado.

5º gatilho: Entenda que o ansioso vive pensando no futuro, por isso sofre. O depressivo vive pensando no passado, por isso sofre. Onde está o segredo? No equilíbrio. Não perca o seu presente. Valorize seu dia, pois nada se repete nem se cumpre com receitas. Respire e oxigene seu corpo antes de qualquer atitude da qual possa se arrepender. Pense que você não precisa ser melhor que os outros, basta você ser melhor do que você jamais pensou que poderia ser. Isso é incrível!

Uma vida livre e em paz, na qual as pessoas possam viver seu papel com a consciência limpa, sem necessidade de agredir ou de puxar tapetes, e com vasta alegria, é o que buscamos sempre. Jamais tenha medo de seguir adiante. Carregue sua bandeira da paz em forma de palavras e pensamentos. Elas dirão muito sobre você.

Confie mais!

Os olhos de nosso Mestre estão sempre em nossa direção.

Quando Jesus pergunta às pessoas "**Por que vocês estão com tanto medo?**" (Mateus 8:26), o que Ele queria propor era exatamente isto: uma vida livre de desespero.

Você consegue se imaginar vivendo essa plenitude?

Como é para você viver em paz? Descreva com detalhes sua resposta.

Como são suas ações? Suas palavras? Seus pensamentos?

De que modo esses pensamentos contribuem para que você encontre uma solução para o que precisa agora?

16

A dor do desafio

Mestre Jesus,

Aqui estou neste cantinho, neste momento que é só meu.

Neste momento que é só nosso.

Alinhe, Senhor, o meu ser a tudo o que é de luz, do bem e da criação do Deus bondoso e poderoso. Tenho noção da eternidade da nossa alma, tenho noção da grandiosidade do mundo, tenho noção do seu amor. Porém, ao evoluir e ampliar meu olhar e minha alma, posso perceber que minha visão ainda é muito pequena perto de tantas coisas boas que estão por vir, perto da grandiosidade da natureza do Deus maravilhoso que fez o céu, a terra, o mar e o ser humano, à sua imagem e semelhança. Quero estar alinhado a essa grandiosidade, pois assim é Deus: grandioso e próspero.

Que assim seja.

Passagens sobre a vida de Jesus, na Bíblia, nos mostram que a sua presença na cidade de Jerusalém estava ficando insustentável. Pessoas saíam de outros lugares em busca de milagres; curiosos de toda parte chegavam para vê-lo.

O assédio era muito grande, e a todo momento princípios de tumulto aconteciam ao seu redor. Mesmo buscando a paz em meio a tantas pessoas, havia aqueles que queriam desafiá-lo para ver se tudo o que Ele fazia era de verdade.

As coisas ficaram ainda mais intensas e se espalharam como um rastro de pólvora depois que Jesus ressuscitou Lázaro. Tudo estava ficando incontrolável.

Na cidade de Betânia, atualmente conhecida como Lazárea, moravam Marta, Maria e Lázaro, amigos de Jesus. Era uma localidade próxima a Jerusalém. Houve uma ocasião em que o Mestre, em sua peregrinação, acabou se distanciando um pouco dos amigos. Como aconteceu com Ele, muitas vezes na vida, para seguir adiante, não é possível levar conosco todos os que queremos bem. Diversas vezes é preciso partir, seguir e também deixar ir.

Mas Jesus, apesar de sua fama, nunca se esquecia das coisas simples nem abandonava aqueles que amava. Seguir adiante não significa abandonar. Não significa esquecer, virar as costas e nunca mais se lembrar. Seguir adiante significa cumprir sua missão e atingir os objetivos propostos. Uma dica importante é não sofrer com culpas por não conseguir mais manter contato com tanta frequência com aquele amigo de quem você tanto gosta.

Na história de Lázaro, ele havia morrido fazia quatro dias.

Nós mesmos, diversas vezes, sepultamos muitos amigos que estão vivos e nunca mais nos lembramos deles...

Jesus, porém, não se esquecia nunca, e por isso foi visitar a família de seu amigo Lázaro.

Lázaro estava morto fisicamente. O que se pode fazer por um amigo morto?

No máximo, o que Jesus poderia fazer, pensavam, era consolar a dor das irmãs Maria e Marta.

Em todas as vezes que, diante de nossos olhos, não há mais nada a fazer, Jesus surpreende e nos deixa perplexos. Ele age quando menos esperamos. Realiza feitos que nosso cérebro, acostumado a acreditar só no que vê, nem é capaz imaginar.

Quando todos estavam desesperados, Jesus reagia com tranquilidade e inteligência. Surpreendendo sempre.

Lázaro era uma pessoa bastante conhecida onde morava, e por isso muitos judeus estavam lá consolando suas irmãs. Quando Maria, a irmã de Lázaro, viu Jesus, lançou-se aos seus pés chorando desesperadamente.

Vendo a dor de sua amiga, Jesus também chorou. Ele chorava diante da dor e da fragilidade das pessoas. Chorava diante da morte dos soldados, diante da ignorância das pessoas. E Maria não teve vergonha de vivenciar seus sentimentos humanos.

Quando alguém querido morre, é natural chorarmos, porque sentiremos falta e saudade dele. Embora gostasse muito de Lázaro, não foi só a morte dele em si que levou Jesus a se entregar ao choro. Jesus amava seu amigo, mas chorou também por ter compaixão pelos familiares e amigos enlutados, conforme indicado pelo contexto do relato de João.

"Em vista disso, os judeus disseram: 'Vejam como ele o amava!'" João 11:36

O homem Jesus, que tem sentimentos, chorava ao ver as lágrimas de suas amigas. Chorava pelo amigo.

Muitas vezes na vida somos tão insensíveis diante da dor dos outros, diante do olhar de alguém que sofre, diante da angústia alheia...

Ao olhar de Jesus nada escapava, nem mesmo o sentimento de inferioridade de uma prostituta, de um leproso, de um corrupto, de alguém abandonado na vida. Jesus olhava nos olhos das pessoas.

Como Jesus então não olharia nesse momento para as suas amigas? Se Ele atendia tantas pessoas anônimas, sem afinidades familiares, enfim, agora era o momento de socorrer aqueles tão perto dele, que o ajudaram tantas vezes, dando-lhe abrigo.

Ao chegar ao lugar onde Lázaro estava sepultado, Jesus pediu para que tirassem a pedra da tumba. Aflita, Marta argumentou: "Mas, Jesus, meu irmão já cheira mal, faz alguns dias que ele faleceu!".

Marta olhava para todos, assustada. Não era possível o que Jesus pedia.

Mas para Jesus nada era impossível. Lembre-se. O impossível é possível. Já vimos isso!

Jesus vive neste momento, em nossa vida, para também tudo o que seja impossível.

Enquanto todos olhavam assustados, Marta olhou para o mundo possível de Jesus. Sim, ela já acreditava. Diante da firmeza de Jesus e de sua certeza, já conquistava o coração de Marta. Ela já o olhava diferente.

Seu olhar se transformava porque ela via no olhar de Jesus a certeza de que algo seria feito. E algo muito bom.

O Mestre acalmou todos, pedindo para que não temessem, apenas cressem.

Acreditar! Eis a chave. Este é o momento. Acredite em você, não tenha medo, tenha fé e acredite! Como Marta acreditou.

Tenha essa força gigante dentro de você: o poder da fé. Creia em si mesmo. Não duvide. Creia. Quem duvida não tem toda a força despertada.

Jesus é do mundo do possível.

Quando a pedra finalmente foi retirada da sepultura de Lázaro, Jesus se aproximou sem se importar com o espanto das pessoas.

Preocupar-se com o que os outros vão pensar só nos atrapalha, corta nossas forças. Jesus não deixava de fazer milagre porque as pessoas se espantavam, porque alguém o xingava ou porque diziam que não conseguiria. Jesus tinha dentro dele um poder espetacular, um poder incompreensível para as leis da ciência, da física e de onde nossos olhos alcançam. Então, Ele agia. Simples assim.

"Tiraram, pois, a pedra de onde o defunto jazia. E Jesus, levantando os olhos para cima, disse: 'Pai, graças te dou, por me haveres ouvido.

Eu bem sei que sempre me ouves, mas eu disse isto por causa da multidão que está em redor, para que creiam que tu me enviaste'." João 11:41-42

Jesus ordenou que Lázaro saísse do túmulo: "Levanta-te e anda!".

Voz de ordem, firme, imperativo!

Para a perplexidade de todos, um homem envolto em ataduras, já cheirando mal, obedeceu à ordem e foi imediatamente ao encontro de Jesus.

Jesus era verdadeiramente um homem, mas concentrava dentro de si a vida do Criador.

Jesus possuía uma força inabalável.

As palavras de Jesus – "levanta-te e anda!" – nunca estiveram tão atuais. Jesus, com toda a sua sabedoria e inteligência, não duvidava nunca. Ele vivia à frente de tudo. Era transformador.

Ele está dizendo para você, neste momento, retirar a pedra de cima de todos os seus sonhos adormecidos e esquecidos. Retire as pedras que os bloqueiam.

Deixe que seus sonhos saiam para que sejam realizados!

Você pode não estar morto para a vida humana, mas pense se não está vivendo como milhares de pessoas caminhando como mortas-vivas, que deixaram de realizar, de pensar e de acreditar.

Mas existe uma saída, existe um caminho. Se você trouxer para a sua vida o caminho de Jesus.

O mesmo caminho que Marta e Maria fizeram. Ainda que tivessem se assustado inicialmente, logo depois mudaram seus olhares para o mundo do possível.

E, você, mude também o seu olhar agora para o mundo do possível!

O que você, e só você, pode fazer agora para mudar sua situação?

Você tem o poder de resolver isso. Como fará? Quais as habilidades de que precisa para concretizar seu objetivo?

Qual área de sua vida, se receber mais foco, poderá influenciar positivamente as demais?

Acompanhe, por meio do QR Code ao lado, o autor William Sanches visitando o túmulo de Lázaro. https://www.youtube.com/watch?v=vu8atmA6B5Y

17

Novos pensamentos, novos sentimentos e novo resultado

Mestre Jesus,

Estou em busca de novos pensamentos.

Creio em sua Palavra, Senhor, porque tudo revela o seu poder, a sua bondade e o seu amor.

A harmonia do Universo dá testemunho de sua sabedoria. Quero então renovar meus pensamentos para obter novos resultados. Não quero mais a mente pessimista de antes, focada no passado. Quero minha mente livre, focada no presente, otimista e planejando o melhor futuro. Sei que com a sua luz e seguindo seus ensinamentos conseguirei alcançar minhas vitórias.

Que assim seja.

Mude sua frequência para mudar sua realidade!

Existem dois olhares bem interessantes a serem analisados: o pessimista e o otimista. Chamo sempre de o ganhador e o perdedor. Essas duas maneiras dizem muito sobre você. Seus pensamentos e sentimentos giram em torno dessa postura. O que você atrai é resultante dessa escolha. Reforço a palavra ESCOLHA porque nós mesmos definimos o que queremos ser. Fuja da ideia de que Deus escolhe quem vencerá e quem perderá.

O quadro a seguir traz uma abordagem desses dois olhares em três períodos de tempo. Pense em qual deles você mais se encaixa.

	PESSIMISTA Perdedor	**OTIMISTA Ganhador**
PASSADO	Tem vergonha do que já viveu. Esconde sua realidade. Tem medo de que as pessoas saibam suas origens. Quando conta suas experiências, ressalta o quanto sofreu e viveu momentos difíceis. Na sua fala é possível sentir ainda o sofrimento de décadas atrás. O passado ficou lá atrás, mas o pensamento nele continua presente.	É feliz pelo que conquistou. Valoriza suas vitórias e usa os desafios vencidos como exemplos para os que ainda virão. Pensa no sofrimento como algo passageiro, feito tempestade que vem e passa.

	PESSIMISTA Perdedor	OTIMISTA Ganhador
PRESENTE	Desanimado, raivoso, sem vontade de realizar novos projetos. Sofre com as mágoas do passado. Atribui aos outros a culpa por seus fracassos. Fala excessivamente de doenças e tragédias; preocupa-se com a vida dos outros. Não é capaz de aplaudir o sucesso alheio. Diz sempre: "Deus é injusto comigo".	É vibrante, cheio de sonhos. Comemora e aproveita o que já conquistou. Comemora quando alguém do seu convívio tem novas conquistas. Não se sente ameaçado. Sabe que cada um constrói seu futuro. Fica em êxtase só de imaginar o que pode conquistar lá na frente.

	PESSIMISTA Perdedor	OTIMISTA Ganhador
FUTURO	Sofre de ansiedade, tem medo do que virá. Sua cabeça está constantemente cheia de preocupações e pensamentos negativos.	Possui uma fé inabalável e um coração cheio de esperança. Tem autoconfiança e força de vontade.

Os problemas, no âmbito do pensamento "pessimista", tomam proporções gigantescas. O pessimista não vê saída para eles e, por causa disso, vive anos na mesma situação. Falta-lhe FOCO. Pessimistas não são pessoas más, precisam apenas aprender a agir.

Se você age assim, deixe suas culpas e mágoas para trás. A partir de agora pense sempre: "A minha cabeça era assim, mas agora sou uma nova pessoa".

Analise com mais calma o que acabamos de estudar. Tudo o que Jesus tocava, ganhava vida. Jesus percorria as ruas de Jerusalém, Betânia, Galileia, Tiberíades, Cafarnaum. Jesus dava vida por onde andava e em tudo o que tocava. A história de Lázaro, por exemplo, é surpreendente. Para Jesus não havia morte.

Há uma consideração muito importante a se fazer na passagem de Jesus e Lázaro. Jesus realizou um dos maiores milagres da história, contudo, existe um detalhe importante: antes de fazê-lo, Jesus pediu para que os homens retirassem a pedra que fechava a tumba onde estava o corpo de Lázaro.

Imagine o seguinte: um homem tem o poder de ressuscitar o outro, e ainda assim pede para que outros movam a pedra da tumba.

Se nosso Mestre tinha poder para ressuscitar alguém, por que não o usou para remover a pedra?

Para que as coisas aconteçam, é preciso antes retirar as pedras que nos atravancam.

Jesus nos ensina que é necessário retirar primeiro as pedras que atrapalham nossa vida, que impedem que as coisas fluam. E isso pode ser um pensamento, um projeto equivocado, alguém com quem nos relacionamos de forma errônea.

Para que Jesus consiga fazer o milagre, é preciso que a pedra seja retirada. E ela pode ter vários nomes, por exemplo, "medo", "insegurança", "desespero", "falta de fé".

Reflita e descubra que pedras podem estar lhe dificultando a caminhada.

Retire-as para que Jesus possa intervir. Sem a fé do ser humano, sem a sua cooperação, Jesus Cristo raramente age. Por vontade do Mestre de Nazaré, seu amigo Lázaro venceu o desafio da morte.

Para Ele, o maior milagre não é a cura sobrenatural de um corpo doente, mas a superação do medo, da infelicidade, da ansiedade de uma alma doente. Mude pensamentos e terá mudança de atitudes. Só assim apresentará novos resultados. Caso contrário, continuará estagnado, sem uma transformação concreta e positiva em sua vida.

Para que lado estão voltados seu olhar e seu pensamento? Como estão seus projetos de vida?

O que o impede de realizar seus objetivos?

O que você pode fazer de diferente que o ajudará a alcançar ainda mais rápido seus objetivos?

18

Esqueça o verbo "tentar"!

Mestre Jesus,

Mestre tão querido que me ajuda e me guia. Quero enxergar que o trabalho do bem me aguarda em toda parte. Quero ter os olhos da positividade. Algumas vezes me sinto desapontado com o ser humano. Lembre-me, por misericórdia, que estou no caminho da evolução com os meus semelhantes, não para consertá-los, mas sim para atender à minha própria melhoria.

Sou responsável por mim e foco no meu desenvolvimento como ser humano.

Dê-me consciência do lugar que me compete, para que eu não exija da vida aquilo que não me pertence. Não quero mais tentar, quero sim vencer.

Peço força para irradiar a paz, a gentileza e o amor entre meus irmãos e, sobretudo, Senhor, perdoe minhas fragilidades.

Que assim seja.

Será que Jesus teria dito à desesperada Marta: "Vou tentar ressuscitar seu irmão"? Ou: "Vou fazer o meu melhor"?

Reflita o seguinte: uma encomenda precisa ser entregue rapidamente, e há três mensageiros. Um deles diz: "Vou tentar". O outro afirma: "Vou fazer o meu melhor". E o terceiro, com toda a simplicidade, responde: "Deixa comigo!".

A qual mensageiro você confiaria sua entrega?

Sugiro agora uma reflexão: pense nas palavras que você diz a todo momento. E pense nas que vivem em seu pensamento...

Depois do milagre que Jesus fez ao ressuscitar Lázaro, sua fama aumentou muito. O boca a boca cresceu, e sua popularidade disparou. A partir daí a fama de Jesus, que já era enorme, tornou-se irrefreável. Ou seja, não tinha mais como segurar.

Os líderes judeus que o haviam tentado matar sem êxito procuravam, em vão, conter a admiração que Ele suscitava nas pessoas. Os líderes não entendiam, mas Jesus despertava carinho, respeito, amor. E recebia os mesmos sentimentos em troca.

O comportamento do Mestre de Nazaré não agradava àqueles que tinham sede de poder e amavam o individualismo. Como poderá entender o que é amor incondicional quem ama o individualismo?

Jesus nos fez o convite, mas, como todo convite, podemos aceitá-lo ou não.

Quem ama o individualismo não consegue enxergar os ensinamentos de Jesus.

O amor é a última saída que nos resta para nossa evolução espiritual. Todas as outras formas já usamos. Já tentamos pela violência, pela guerra, pelo desprezo, pelo preconceito, pelo orgulho, pelo egoísmo, mas em nenhum momento encontramos a felicidade. Nem a nossa, nem a coletiva. Onde existe guerra não existe felicidade. Onde existe violência existe preconceito. Onde há preconceito há orgulho, egoísmo, desprezo, desrespeito. Tantos sentimentos negativos que em nada contribuem para nossa evolução.

Então o amor é a porta que Jesus nos abriu. Em vez de abrir a porta e apenas nos dizer "Entrem! Este é um bom caminho! Vão, façam a travessia pela porta do amor!", Jesus vivencia o amor. Jesus vai às ruas e vivencia a fraternidade. No início, antes de entendê-lo, até os discípulos deviam ficar chocados com suas atitudes. Deviam pensar: "Como um ser tão poderoso, que pode usufruir de um destaque na sociedade, pode amar pecadores e doentes?". Todos os que a sociedade excluía, Jesus incluía. Embora fosse o mais livre de todos os seres humanos, Jesus almejava trabalhar pela sociedade.

Muita gente daquela época não deve ter compreendido como alguém tão grande podia ser tão humilde, tão servidor.

Como era possível que uma pessoa capaz de ter todos aos seus pés tenha preferido prostrar-se aos pés do mundo inteiro?

Jesus era um fenômeno social impossível de ser ocultado. Por mais que os líderes quisessem esconder ou conter sua fama.

Apesar de levar uma vida simples, sem ostentação, não era ignorado.

Jesus não só era seguido por inúmeras pessoas como tocava a alma de cada uma delas. Jesus mexia com a emoção. Ricos, pobres, cultos, iletrados apaixonavam-se imediatamente por ele. Quem nunca tinha aprendido as lições básicas do amor passava a amar e a admirar aquele "carpinteiro".

"Já não vos chamo servos, porque o servo não sabe o que faz seu senhor; mas Eu vos tenho chamado amigos, pois tudo o que ouvi de meu Pai Eu compartilhei convosco." João 15:15

Algumas pessoas nem esperavam o dia nascer. Ainda no escuro saíam de sua casa em busca de Jesus. Na verdade, queriam encontrar aquele que daria sentido à sua vida.

Assim agiu e age até hoje Jesus. Ele deu sentido à vida daquelas pessoas em Israel e depois às pessoas de todo o mundo.

A relação afetiva de Jesus com a multidão era insuportável para os membros da cúpula política. Uma ameaça. Com tantas pessoas que o amavam, qualquer ordem sua poderia pôr fim a muitos líderes políticos.

Eles ficaram apavorados com os movimentos em torno do Mestre, pois tinham medo de perder o cargo e temiam que suas ordens não fossem mais aceitas pelo povo. Tudo isso contribuiu para que Jesus fosse perseguido e assassinado.

Jesus, esse ser de luz e coragem, conseguia falar o que pensava mesmo quando colocava sua vida em risco. Dizia que os fariseus limpavam o corpo físico, mas não a alma.

Jesus nos ensina que não adianta só a beleza e a limpeza externa. Temos de olhar dentro de nós mesmos e tentar enxergar o que temos de melhor. Tudo começa por dentro.

Jesus, um ser bom, mas corajoso. Digo "mas corajoso" porque muitas pessoas confundem. Acham que ser bom é ser bobo; e ser agressivo é ser corajoso.

Jesus foi um homem audacioso, um homem sempre à frente de todas as épocas da humanidade.

Lembra-se de como pensa um gênio? De trás para a frente. Ele sabe que é possível realizar determinada ação, então começa a concretizá-la antecipadamente. Jesus, mesmo com todas as suas grandezas, com todos os seus saberes, não humilhou nenhum semelhante, nenhuma mulher, nenhum homem, nenhuma criança. A Ele pouco importava posição social, cor da pele ou profissão.

Muitas vezes tratamos bem uma pessoa apenas porque é rica, bacana, culta. A mais simples e pobre é julgada por nós sem que sequer olhemos em seus olhos.

Para uma, horas de atenção; para a outra, que precisa até de mais atenção e cuidados, sequer damos um olhar de afeto.

Imagine se Jesus colocasse rótulo e maltratasse as pessoas.

Este é um assunto para se pensar. O Mestre era dedicado com todas as pessoas, inclusive com seus opositores. Mas em algumas ocasiões foi severo, quando criticou a hipocrisia humana.

Quantas vezes apontamos o dedo e julgamos o problema da outra pessoa quando fazemos até pior? Jesus nunca culpou ninguém. Lembram-se desta frase que aparece em João 8:1-11: "Atire a primeira pedra aquele que estiver sem pecado"?

Você já imaginou o que era olhar nos olhos de Jesus?

Se conseguirmos trazer para nós esses sentimentos de Jesus, suas lições, palavras e exemplos à nossa vida, não será necessário olhar diretamente em seus olhos, porque muito mais importante que olhar nos olhos de Jesus é olhar o mundo com os olhos dele. É ser uma pessoa melhor e tentar enxergar no dia a dia atitudes que nos façam ser parecidos, nem que seja apenas um por cento, com nosso Mestre.

Se tentarmos nos parecer com Ele, seremos pessoas bem melhores.

Chega de tentar! É hora de fazer e agir.

De estar consigo mesmo!

Não importa sua idade. Durante sua história de vida você deu sentido à vida de alguém? Alguma vez estendeu a mão e ajudou alguém a construir a sua própria história? Qual é sua contribuição social?

De 1 a 10, que nota você se dá?

Caso ela esteja abaixo de 10, o que o está impedindo de atribuir a si mesmo uma nota melhor?

19

Quem coopera colabora com Deus

Mestre Jesus,

Sei que toda fé precisa de obras. Por isso estou aqui buscando conhecimento para melhor agir, melhor seguir. Quero pôr em prática o meu melhor para o mundo. Quero ser um colaborador de Deus na Terra. Mesmo que eu seja pequeno como um grão de areia, sei que a praia será mais bonita com a luz que irradia de mim. Não por causa da minha presença, mas por causa do seu amor em mim.

Que assim seja.

A prioridade de Jesus são as pessoas. Não me refiro à sua preocupação, mas à sua prioridade mesmo. Quem se preocupa ocupa-se antes do tempo. Jesus não age assim. Ele age exatamente no tempo certo. Jesus se faz amigo das pessoas e, sendo amigo, se aproxima delas.

Jesus não rotula as pessoas, não as olha com preconceito... Muito pelo contrário! Jesus enxerga a essência delas.

Diversas vezes olhamos para o colega do trabalho e não conseguimos ver sua essência. Olhamos o outro como um mero fazedor de coisas. Dificilmente perguntamos se o outro é feliz, qual seu sonho. Achamos alguém arrogante quando vemos apenas a casca.

Se valorizarmos a essência divina que habita nas pessoas, como Jesus fazia, seus cargos ou bens pouco nos importarão.

Já imaginou o dia em que considerarmos as pessoas apenas pelo que são em sua essência?

O ser humano é extraordinário. E sabe por quê? Porque Deus nos fez para evoluir, ainda que lentamente.

Nossos medos e máscaras são como a crosta impregnada nos navios: de tanto a água bater em seu casco, vai se criando uma camada endurecida que precisa ser retirada regularmente.

Assim somos nós. Também precisamos tirar nossas crostas do medo, da tensão, do preconceito, para ficarmos mais perto de nossa essência.

Porém, vários fatores nos impedem de fazer isso, seja por medo do que a família vai dizer, seja por causa de nossos próprios preconceitos. Fato é que, de tudo isso, o que mais nos atormenta e nos faz mal é nossa paralisia. A inércia não nos deixa cumprir nossa caminhada de sucesso.

Ficamos presos quando deixamos o medo tomar conta. Travamos, nos paralisamos. E se acreditamos que somos mais que nosso semelhante é porque ainda não nos encontramos, não conseguimos olhar para dentro da nossa própria essência.

Vamos fazer um exercício? Vamos olhar o outro, sem preconceitos. Vamos buscar sua essência...

É fácil destinar um olhar para o outro e fazer prejulgamentos. Estamos acostumados a criar rótulos, fazer avaliações, dar impressões. Mas se olharmos para nós mesmos, teríamos coragem de nos rotular da mesma forma como rotulamos o outro? Em vez de nos autoavaliar, ligamos a televisão e o rádio, verificamos as mensagens do celular. Fugimos de nós mesmos!

Dificilmente paramos para nos sentir, para perguntar o que realmente desejamos ou o que estamos fazendo para progredir, para melhorar.

Jesus nos faz o convite da reflexão!

Jesus nos faz o convite para que olhemos para dentro de nós mesmos!

Um pai e uma mãe sabem muito bem o que precisam

corrigir em seu filho. Eles o conhecem bem e sabem em que aspecto ele precisa melhorar.

Agora imagine Jesus olhando para as pessoas com um amor ainda maior, com um amor pleno – porque a plenitude está aí, está no amor incondicional. O amor incondicional é a plenitude do ser; e a plenitude do ser é o fim do sofrimento.

Jesus, quando olha para as pessoas com seu olhar puro, sabe em que aspecto elas precisam melhorar. Jesus ensina você – assim como você ensina seu filho. Ensinamos as pessoas e aprendemos com elas ao mesmo tempo. Então, se tenho um pouquinho de amor, eu ensino o outro.

"Nós somos cooperadores de Deus."

1Coríntios 3:9

Particularmente, não acredito em inferno. Não da forma como aprendemos antigamente. Para mim, inferno deve ser ausência de amor. A seguir, uma história interessante sobre ele, o tal inferno:

Conta-se que no inferno as pessoas ficam amarradas em uma cadeira, sentadas diante de um grande banquete. Seguram grandes conchas, as quais conseguem encher de comida. Porém, como não conseguem dobrar os braços em direção ao corpo, não conseguem também levar comida até a boca. Além de magras, desnutridas e sofridas, estão famintas!

Assim vivem as pessoas no inferno.

E assim são as pessoas que vivem trazendo as coisas só para si, sem vivenciar a plenitude.

Dizem que no Céu é a mesma coisa: as pessoas estão presas em uma cadeira, seguram grandes conchas em frente ao mesmo banquete e, como no inferno, também não conseguem dobrar o braço em direção à boca. Porém, no Céu, as pessoas estão saudáveis, felizes, plenas. Elas perceberam algo incrível: como não podem dobrar os braços e levar comida até a própria boca, passaram a oferecer o alimento a quem está à sua frente!

Percebeu a diferença entre o Céu e o inferno? É uma história ótima, que serve como reflexão. Quem colabora com o mundo coopera com Deus. Consequentemente, vive no Céu.

Uns vivem no egocentrismo, na ignorância, no desprezo. Ao tentar trazer o alimento só para si, desnutrem-se cada vez mais. No Céu, as pessoas aprenderam a amar, aprenderam a compartilhar, a atender aos irmãos, que, da mesma maneira, compartilham do amor múltiplo e alimentam-se dele.

Amar ao próximo é alimentar o próximo! Alimentar não significa apenas oferecer comida, alimento.

Hoje pode haver alguém perto de você precisando apenas do seu abraço, de um minuto da sua atenção! Empreste seu ouvido hoje para alguém que precisa contar um problema, que precisa desabafar. Quando você dá um abraço, Jesus está abraçando junto. Quando você empresta seu ouvido, Jesus empresta também o dele.

Quando conseguimos vivenciar os sentimentos de Jesus, nos transformamos em representantes dele aqui na Terra.

E é maravilhoso ser colaborador de Jesus, ser colaborador de Deus!

Como se sente quando alguém tira um tempo para conversar com você?

De quais recursos ou suportes você precisa para começar a tomar mais atitudes como essa com seu semelhante? Que atitude precisa tomar agora para começar a ouvir o outro?

20

Você saberá como viver!

Mestre Jesus,

Quero saber viver melhor. Quero e preciso saber viver livre das amarras do preconceito, do medo, sem me preocupar com o julgamento dos outros.

Quero sim ir ao encontro de minha alma, que busca e caminha para o melhor.

Que estas palavras me deem luz e descanso ao meu pensamento carregado de preocupações. Livre, conseguirei encontrar o melhor caminho para vencer meus desafios, encontrar minhas possibilidades verdadeiras e enxergar que minhas asas são bem maiores que os ninhos que me limitam.

Que assim seja.

Quando Jesus desembarca no litoral de Betsaida, desce do barco, deixa o mar da Galileia e vai ao encontro de uma multidão de pessoas. Jesus havia atravessado o mar com a intenção de se afastar um pouco. Ele precisava ficar sozinho. Já havia atendido centenas de pessoas do outro lado da margem. Buscava um pouco de descanso e tempo para reflexão. Mas seu amor pelas pessoas é maior.

"Quando Jesus saiu do barco e viu a grande multidão, teve compaixão deles, porque eram como ovelhas sem pastor." Marcos 6:34

Fico pensando se naquele mar de pessoas alguém pôde ver um Jesus cansado, precisando repousar, e se preocupou com os sentimentos dele. Naquele mar de pessoas ninguém veio para dar, ali só estavam para receber. E Jesus, mesmo cansado, resolveu acalmar aqueles corações falando novamente de Deus e de cura. Jesus mostrava que deve haver tempo para o descanso também. Ele buscava isso, mas, diante da necessidade das pessoas, Ele continuou a trabalhar e descansou quando deu por terminada sua tarefa. Como precisamos desse equilíbrio! Neste mundo extremamente competitivo e com tantos atrativos tecnológicos, fica difícil desconectar de tudo para estar consigo mesmo.

Diversas pessoas me procuram pedindo ajuda para que as oriente. Em muitos casos nem percebem que na própria formulação de suas perguntas já embutem a resposta.

Percebo que não descobriram o caminho a seguir porque não ficaram consigo mesmas o tempo suficiente para se ouvirem. Buscam respostas no exterior e se esquecem completamente de ouvir seu interior.

Pausas são importantes porque podem nos trazer respostas. O mergulho para dentro do nosso EU guarda respostas aos mais variados desafios. Nem sempre, na correria, conseguimos perceber o que fazemos nem por que estamos vivendo daquela forma. Melhor dizendo, colhemos sem mesmo enxergar a plantação. Na rapidez e na pressa, refletimos pouco sobre as coisas, tomamos poucas decisões com a alma. E quando nos voltamos para nós, quando nossa mente está liberta de qualquer amarra e livre da pressa, é que percebemos, de verdade, que nossas asas são maiores que nossos ninhos.

Durante alguns minutos, imagine-se em uma rua onde apenas você está caminhando.

É uma rua de terra. No início, você se sente um pouco só, mas logo depois se lembra de que ninguém está verdadeiramente sozinho. A poeira da rua se levanta com o vento. Você tem certa dificuldade para enxergar e passa as mãos no rosto, mas continua seguindo...

Você continua caminhando nessa estrada, mas às vezes pensa em desistir. Pensa que a vida é uma bobagem e que não adianta seguir em frente. Já não existe mais força de vontade.

Você acha que ninguém o ama, lembra-se de que seu

trabalho não é o melhor do mundo, que ganha pouco, que não nasceu para ser feliz. Que a vida o levou a uma estrada triste e solitária. E pensa que Deus pode até estar punindo-o!

Mas você continua caminhando. E, de repente, encontra um homem. Um homem que lhe estende as mãos. E, mais do que isso, ele olha em seus olhos. E você, com certa dificuldade, ainda tirando poeira dos olhos, tenta enxergar os olhos daquele homem. Percebe então que ele busca a sua alma, a sua essência. Busca o melhor que existe dentro de você. Sem abrir a boca, sem dizer nada, apenas com um olhar, o aconselha: "Continue a sua estrada!".

E você entende sua orientação.

Ele caminha com você e conta que Deus não castiga, que Deus não pune. Que você, por estar infeliz, pode mudar de travessia, de rotina, pode sair da inércia que toma conta da sua vida e buscar a verdade. E tudo o que está vivendo foi você mesmo quem buscou, foram suas escolhas.

De repente, você acorda e percebe que aquilo tudo não passou de um sonho. E pensa que foi uma bobagem qualquer...

Então você continua o seu dia. Volta para a rotina, para o metrô, para o transporte, para o trânsito. Trabalha, trabalha, trabalha... Não acha graça em absolutamente nada. Reclama do salário e passa um bom tempo focado no celular, vendo redes sociais. Confere cada uma delas com detalhes. Vê tudo o que os outros fazem ou estão fazendo. Perde o foco o tempo todo, olha no relógio com frequência.

Mal espera o dia acabar. E quando volta para casa, diz: "Eu tive um dia péssimo! Eu tive um dia horrível!".

E quando deita para dormir, de novo aquele sonho, de novo aquela estrada. E aquele homem, que agora diz assim:

"Você teve um dia péssimo? Você se lembra da forma como saiu do seu prédio pela manhã? Pois eu lhe digo: você nem olhou para o porteiro e buzinou diversas vezes porque o portão demorou para abrir. Chegou ao trabalho reclamando com a recepcionista! Entrou no elevador e falou para o ascensorista: 'quarto andar'. Não deu um bom-dia. Nem percebeu que ali tinha um ser humano! Na reunião você apenas gritou e não deixou que ninguém desse sua opinião. Aliás, você se sentiu perseguido! Achou que todos queriam o seu mal. Mas você não deixou ninguém falar. No caminho de casa, brigou no trânsito, buzinou, fechou todo mundo. Passou no farol vermelho e quase derrubou aquele motoqueiro, que ficou furioso. E você ainda diz que a cidade em que vive é um inferno, que as pessoas à sua volta fazem da sua vida um inferno... E quando chegou em casa, a sua família o esperava... Mas você se jogou no sofá e resolveu assistir ao telejornal que transmite apenas notícias negativas. Entre uma reportagem e outra, você olhou várias vezes as redes sociais no celular. Engoliu a comida sem mesmo sentir o paladar. Quando seu filho foi lhe contar sobre o que aprendeu na escola, você disse: 'Não tenho tempo agora. Você não está vendo que estou vendo o jornal?'. E, ao se deitar, você nem prestou atenção a sua casa, bem-cuidada e organizada. Apenas disse: 'Que dia

péssimo eu tive! Não vejo a hora que chegue a sexta-feira, as férias, que este ano acabe!'. E, agora, nesta estrada, você me questiona sobre o dia ruim que teve. Eu sou o seu reflexo. Eu posso ser bom ou ruim. Posso ser otimista e pessimista. Quem escolhe é você.

A estrada pode ser empoeirada, suja. Mas quem caminha é você. E quem caminha para sair dessa estrada é você também. Quem caminha para sair do atoleiro é você. E quem constrói cada etapa do seu dia, cada etapa da sua vida, é você".

A Lei da Causa e Efeito é impressionante. Pequenas ações mudam vidas. Não é possível ajudar a transformar o outro, se você próprio não se transformar internamente. Nossa vida é nosso reflexo.

Se você olhar para si próprio, conseguirá enxergar a forma como está levando seu dia a dia.

Equilíbrio. Busque equilíbrio, bom senso e atitudes positivas. Quando buscamos o equilíbrio, nossas escolhas são mais acertadas, e nosso caminho, mais seguro.

Aprenda a olhar nos olhos das pessoas, aprenda a deixar que os outros falem. Se fugir daquilo que não é bom para você, seguirá muito mais os ensinamentos de Jesus e terá oportunidade de vivenciá-los. E não precisará de sonho nenhum. Olhará para a sua realidade com sabedoria, por meio do amor e daquilo que é bom e está dentro de cada ser humano. Porque somos criaturas de Deus!

Não podemos mudar nada no outro. No máximo podemos ajudá-lo a enxergar.

Cada um pode apenas mudar a si mesmo. Se você conseguir mudar o seu dia, se conseguir mudar a sua rotina, pode ter certeza de que estará mudando a si mesmo e pondo em evidência suas qualidades, seus pontos fortes, seus talentos. Quando focamos o lado ruim da estrada, não conseguimos ver nem mesmo nossos valores. Busque o equilíbrio e saberá como viver! No seu silêncio, busque suas respostas. Responda às perguntas, mas, se puder, também refaça a oração que abre este capítulo. Com certeza valerá muito a pena encontrar-se consigo.

Que pontos fracos o impedem de atingir seus objetivos?

Visualize-se com todas as suas forças, virtudes, qualidades e talentos.

Que oportunidades existem para você aproveitar essas forças agora e alcançar seus objetivos?

21

Força milenar

Mestre Jesus,

Que neste momento minhas forças possam ser revigoradas. Que eu possa ser como semente que encontra solo fértil.

Quero crescer, multiplicar, dar frutos, ser útil. Não precisarei nem contar aos outros sobre meu sucesso, pois todos verão a plenitude de minhas obras com sua luz. Verão em mim como vale a pena seguir seus passos, como vale a pena acreditar e ter fé.

Serei obra viva, serei fruto de suas lições.

Obrigado, meu Mestre e guia divino.

Quem assim seja.

Na cabeça dos fariseus, o Messias, o Salvador, deveria chegar cercado de glórias e ouro, igual ao rei Davi, e possuir um templo como o de Salomão. Dificilmente aceitariam um Salvador cercado por pescadores, caminhando descalço, ajudando aos pobres sem ao menos uma pedra para descansar a cabeça depois de um dia cansativo de peregrinação. Acharam estranho aquele homem conversar com pobres, enfermos, corruptos e prostitutas da mesma forma como conversava com pessoas em cargos de prestígio.

A proposta de Jesus estava além do que os poderosos da época poderiam compreender. Jesus queria uma sociedade igualitária, na qual haveria partilha de tudo, como Ele mesmo partilhava o peixe, o vinho, o pão. Como explica Mateus em 14:14.

Entre os próprios judeus, Jesus causou assombro, porque sua proposta era amar, inclusive aos inimigos. Era perdoar, sobretudo, aqueles que haviam feito algum mal.

Tudo o que foge de nosso entendimento ou do alcance de nossa compreensão nos assusta. Nossa tendência é não aceitar, fugir, ou simplesmente burlar as mudanças. E as mudanças de Jesus eram radicais.

Sua proposta de vida não era só melhorar, era mudar. Se até hoje temos dificuldade para repartir, amar e perdoar, imagine quando Jesus pisou por aqui.

A revolução que Jesus pregava era social. Sua proposta rompeu barreiras de todas as esferas, étnicas e sociais. Além disso, abriu-nos uma possibilidade incrível: a de experimentar o amor de Deus. O amor puro e incondicional.

Gosto de lembrar que Jesus, sem qualquer ferramenta tecnológica (hoje fica até impossível imaginar nossa vida sem internet e celulares modernos), conseguiu explodir dentro do coração de homens e mulheres do mundo todo com suas palavras e sua energia em forma de amor puro.

Jesus usou ferramentas pedagógicas simples, na maioria das vezes usando exemplos da natureza, e fez sua mensagem ganhar força e ser compreendida. Por isso eu gostaria de fazer o mesmo aqui, compartilhando o que vi. Uma das lições mais bonitas da natureza: a superação e a força milenar das oliveiras em Jerusalém.

Algumas oliveiras, tão conhecidas por serem cenários constantes da vida de Jesus, ainda permanecem no jardim identificado como Getsêmani, que se localiza ao pé do Monte das Oliveiras. Alguns estudiosos dizem que essas oliveiras são milenares.

Elas mesmas dão vida a outras, que se tornam novas oliveiras. E ainda produzem frutos. Ao pé de alguma dessas oliveiras, Jesus disse aos seus discípulos: "Assentai-vos aqui, enquanto vou orar". Mateus 26:36.

Naquele momento Jesus se sentia angustiado. Sabia que seria traído por Judas. Estava já na reta final de sua encarnação aqui na Terra. Ele sabia também que os soldados romanos chegariam a qualquer momento para prendê-lo. Havia muito já estava sendo perseguido.

Os sentimentos de Jesus nesse momento eram tão dolorosos, sua angústia e sua dor tão grandes que, ao orar, Ele transpirava sangue.

"E, posto em agonia, orava mais intensamente. E o seu suor tornou-se como grandes gotas de sangue, que corriam até ao chão." Lucas 22:44

Por diversas vezes nos sentimos inferiores quando estamos angustiados, quando sofremos traições, decepções, derrotas. Jesus dobra os joelhos, encosta a cabeça numa pedra e ora pedindo para que Deus afaste de si o sofrimento. Isso não significa que devamos sentir conforto e aceitar nossas dores. Pelo contrário. É para que busquemos, nos momentos de dor e angústia, a nossa fé, como Jesus fez. Orou, falou com Deus e expôs sua angústia.

Nos momentos em que muitos se perdem, se afastam da família, se drogam, tentam burlar sua dor na bebida ou simplesmente desistem, a fuga é solução momentânea. No auge da razão tudo vem à tona novamente.

Tomar remédio para dor sem curar sua causa é perda de tempo, mais que isso, é perda de vida. É preciso identificar as causas de nossas angústias e curá-las na raiz. Paliativos não resolvem.

Volto à cena de Jesus angustiado, orando, prostrado de joelhos. Ele aceita seu 'cálice', e o desenrolar da história já conhecemos. Também sabemos tudo o que Jesus passará depois de sua prisão.

Mesmo em companhia dos discípulos, Ele sabia que quando fosse preso estaria sozinho.

Mesmo com todo o poder, Jesus não impediu Pedro

de negá-lo, nem Judas de traí-lo. Isso é liberdade. Isso é livre-arbítrio. Nunca ninguém valorizou tanto a liberdade humana nem ensinou a aceitar seus desafios, respeitando a escolha dos outros. Mais que isso, Jesus ensina, com sua própria história, o sentido da palavra vitória, o respeito a cada ser e a prática da fé.

Como as oliveiras continuam dando frutos, as palavras, os ensinamentos e as atitudes de Jesus fazem milhares de pessoas renascerem todos os dias.

Toda pessoa que quer vencer na vida precisa de uma dose dessas lições do Maior de Todos os Mestres.

Sua postura diante dos desafios liberta ou aprisiona aqueles que estão à sua volta?

Quais atitudes demonstram que você aprisiona, mesmo que de forma involuntária, as pessoas de seu convívio?

Que atitudes suas comprovam que as liberta?

Acompanhe, por meio do QR Code ao lado, o autor William Sanches visitando o jardim de Getsêmani. https://www.youtube.com/watch?v=l3n7gted6rc

22

A arte de vencer desafios

Mestre Jesus,

Quanta paz sinto quando converso com o Senhor.

Minha alma se renova a cada ensinamento seu; consigo ter mais clareza diante da vida; consigo perceber que meus desafios são possíveis de serem vencidos. Encontro dentro de mim força e sabedoria para decidir. Por isso, Mestre, quero lhe agradecer. Todo seu empenho, cuidado, palavras e exemplos me ajudam a ser alguém melhor; e sendo melhor vou percebendo que diante da vida o que vale mesmo é aquilo que praticamos com amor para nós e para nossos irmãos. Que eu possa encontrar a cura sobre todos os aspectos da vida em que for merecedor; naqueles em que ainda não atingi maturidade, que eu possa enxergar de maneira sábia qual o melhor caminho a seguir. Sei que cura é transformação. Quero ser transformado para melhor. Buscar ser melhor é meu objetivo. Mestre, sei que com você estou no melhor caminho.

Que assim seja.

Ao longo de todo o livro, você respondeu a perguntas importantes com o objetivo de estimular sua forma de pensar e ajudá-lo a enxergar detalhes antes escondidos.

A maioria das pessoas age assim. Espera a mudança do mundo antes de mudar a si própria. Espera o melhor momento para agir, espera o outro mudar.

O segredo para vencer desafios é mudar a si próprio. Isso não é novidade. A diferença está em como fazer isso. A grande estratégia está na organização.

Vencer desafios nos estimula a sair do estado atual para o desejado.

A partir de agora você tem em mãos ferramentas e estratégias, dicas e reflexões, impulsos e gatilhos positivos. Mas se você não quiser, nada acontecerá.

Em todo o Evangelho, em nenhum momento Jesus diz "eu te curei". Ele sempre diz "a sua fé te curou", ou seja, a sua força, a sua vontade o curou.

Curar está no sentido de "ser de novo", ser uma nova pessoa.

A palavra "cura", em latim, tem o sentido primitivo de "cuidado", "atenção", "diligência", "zelo". O verbo *curare* significa 'cuidar de', 'olhar por', 'dar atenção a', 'tratar'. Perceba que a palavra CURA tem um sentido totalmente positivo para nossa vida. Cura é transformação.

Como termo médico, a palavra "cura" foi primeiramente usada na acepção de tratamento. Com a evolução semântica das línguas românicas, essa palavra hoje é usada em várias acepções, mas sempre em torno da ideia de "cuidar de", "exercer ação sobre", "tratar".

Cura é a solução de algo.

Quando alguém está doente e é curado, está novo. Precisou se cuidar, exercer sobre si algo positivo para alcançar seu objetivo. Quem "se cura" é então alguém que recomeçou, reaprendeu, renasceu, renovou; ninguém fica o mesmo.

Por outro lado, alguns passam diversas vezes pelo mesmo desafio, mas não percebem o recado dado pela vida. Se a cura não for realizada antes, interiormente, em pouco tempo os problemas voltam, e tudo se repete.

Agora, algo para você refletir. Caso sinta necessidade, volte alguns capítulos e refaça as perguntas. Se mudar as respostas, não importa. O importante, de verdade, é que você esteja caminhando para ser melhor do que já é. Que esteja a caminho de buscar sua cura. Pensamento, ação e resultado. Nunca o contrário. Quem busca o resultado sem antes mudar as duas primeiras etapas gasta tempo e energia, e não alcança resultados significativos.

Jesus, nosso Mestre e Guia, que nos conduz não só pelas suas palavras, mas pelos seus exemplos e pela sua própria vivência, pela sua própria maneira de ser e agir, curou e cura milhares de pessoas. Mas sozinho dificilmente consegue fazer algo. Ele precisa de nós.

Isso é muito forte.

Quando Jesus diz a Zaqueu: "desce dessa árvore porque irei dormir na sua casa", promove a cura naquele homem. Não porque faz um sermão a Zaqueu, mas porque dá um exemplo de amor, ética, verdade e moral ao decidir dormir na casa de um errante, aos olhos de muitos, corrupto e enganador.

Zaqueu tinha muitos bens materiais, possuía dinheiro, mas não era próspero. Ser rico não é só ter dinheiro. Pessoa próspera é aquela abundante em todos os aspectos da vida. Faltava algo para Zaqueu.

Ele foi buscar isso.

Jesus promove uma nova maneira de pensar dentro de Zaqueu. As mudanças de atitudes e resultados começam a acontecer, mas antes Zaqueu precisou querer ver, precisou buscar e só então mudou por dentro. Todo o seu resultado posterior passou por essas etapas.

Ele enfrentou dificuldades. Para conseguir ver Jesus, em meio àquela multidão imensa em Jericó, subiu em uma árvore sem se importar com o que os demais iriam falar.

Só não imaginava que o fato de subir naquela árvore mudaria toda a sua vida.

A arte de vencer um desafio não é tão difícil como você pensa. Ao longo dos capítulos você deve ter percebido que o difícil deixou de existir. É possível sim virar o jogo. E qual exemplo devemos escolher? O melhor: Jesus.

Qual a evidência de que isso é verdade?

Respondo: Jesus fez de sua própria existência aqui na Terra a maior de todas as metodologias para o aprendizado humano. Não quis só arrumar, consertar, melhorar; quis mostrar que é possível mudar o que não está bom de verdade. Venceu os maiores desafios que alguém pode enfrentar: falta de recursos, calor, deserto, fome, sede, cansaço, perseguição, ofensa, calúnia, traição, julgamento, violência física e verbal de todo tipo e a morte. Venceu todos os desafios, provando para nós que é sim possível vencê-los e, ainda assim, trazer paz e espiritualidade para nosso ser e para aqueles que estão à nossa volta.

Que essas reflexões possam tê-lo ajudado a vencer seus desafios, mas, acima de tudo, o conduzido ao encontro de nosso Mestre. A arte de vencer desafios não é segredo para aqueles que se encontram com Ele, que não têm medo de conversar com Ele, que sentem sua presença constante.

Lembra-se de uma frase, citada logo no início deste livro, exposta na porta de um túmulo que se acredita ser o Sepulcro de Jesus em Jerusalém? Minha mente nesse momento volta para lá. Revejo a porta, na qual ainda está escrito: "Ele não está aqui".

Se Cristo não está mais lá, então Ele está aqui com todos nós, especialmente com você, dando-lhe força para se curar todos os dias. Quem se cura vence, restaura, renasce. Que você renasça todos os dias de sua existência!

Quais estratégias funcionaram e quais não funcionaram?

Por que cada uma delas teve resultados diferentes?

Quais foram as dificuldades encontradas? Como podemos vencê-las de forma que não interrompa seu processo de realização? Que aspectos precisam ser mudados agora que você tem uma visão mais ampla?

Que opções você tem para recomeçar?

Olhando para trás agora, o que você aprendeu?

Como irá manter o que aprendeu para que as habilidades, as estratégias e as ideias estejam sempre disponíveis para quando você precisar?

Acompanhe, por meio do QR Code ao lado, o autor William Sanches visitando a cidade de Jericó, onde Zaqueu subiu em uma árvore para poder ver Jesus. https://www.youtube.com/watch?v=mwRUBtZi3lk